*Martin Droschke | Martin Bierobelix Seidl*

# 111 Biere aus Österreich, die man getrunken haben muss

*Mit einem Gastbeitrag von Mareike Hasenbeck*

emons:

Herzlichen Dank an Bierpapst Conrad Seidl
und Dr. Herbert Höglinger für Zuspruch, Tipps und Infos.

**Bibliografische Information der Deutschen Nationalbibliothek**
Die Deutsche Nationalbibliothek verzeichnet diese Publikation
in der Deutschen Nationalbibliografie; detaillierte bibliografische
Daten sind im Internet über http://dnb.d-nb.de abrufbar.

© Emons Verlag GmbH
Alle Rechte vorbehalten
© der Fotografien: Martin Droschke und Martin Seidl, außer:
Ort 5: die beer_meiers; Ort 13: Zaungast; Ort 62, 65, 69: Dr. Herbert Höglinger;
Ort 82: Bäckelar Brewery
© Covermotiv: AdobeStock/Sergii Moscaliuk, AdobeStock/AlenKadr
Covergestaltung: Karolin Meinert
Lektorat: Andreas Zinßer
Gestaltung: Editorial Design & Artdirection, Conny Laue, Bochum,
nach einem Konzept von Lübbeke | Naumann | Thoben
Konzept von Lübbeke | Naumann | Thoben
Kartografie: altancicek.design, www.altancicek.de
Kartenbasisinformationen aus Openstreetmap,
© OpenStreetMap-Mitwirkende, ODbL
Druck und Bindung: CPI
Printed in Germany 2024
ISBN 978-3-7408-2114-2

Unser Newsletter informiert Sie
regelmäßig über Neues von emons:
Kostenlos bestellen unter
www.emons-verlag.de

# Vorwort

Ein halbes Jahrhundert ist es mittlerweile her, da beschlossen zwei Brauereien, sich über geltendes Recht hinwegzusetzen. Die Rede ist von den Privatbrauereien Ottakringer und Zwettler sowie einer bürokratisch-juristischen Obszönität aus den letzten Tagen der Monarchie. 1977 beschlossen die beiden, die vier ab 1907 erlassenen Abkommen nicht mehr zu beachten, die jeder Brauerei ein konkret eingegrenztes Gebiet zuwiesen, in dem nur sie die Wirte und Geschäfte beliefern durfte. Anders formuliert: In Wien standen der Schwechater Brauerei 50 Prozent des Flaschenbiers zu, der Ottakringer exakt 21 Prozent, Gösser 12 Prozent ... Danke! 50 Jahre nach dieser Kehrtwende präsentiert sich die Wüste von damals als Paradiesgarten.

Martin Seidl, einer der Autoren dieses Buchs, Brauer, Netzwerker und Aktivist, hat sein halbes Leben lang an allen nur denkbaren Strippen gezogen, damit die traurige Anzahl von 59 Sudstätten, die die Marktregulierung 1980 übrig gelassen hatte, auf die heutige Vielfalt von gut 340 anstieg. Aber natürlich auch, damit das Land wieder auf dem internationalen Parkett beeindrucken kann. Kaum jemand, der die Bierlandkarte, die Macher und ihre Sorten besser kennt.

*Alle sollten uns das nachmachen*, ist der Satz, den Martin Droschke, ebenfalls Anfang der 1970er Jahre geboren, nach den gemeinsamen Streifzügen, die die beiden zu den 111 gigantischen, winzigen, altbekannten und verstecken Genusshighlights dieses Buchs geführt haben, zu wiederholen nicht müde wird. Den Bayer begeistert die Freiheit, die der Codex Alimentarius Austriacus, das österreichische Pendant zum deutschen Reinheitsgebot, den Brauern gewährt. Das klassische, würzige Märzen: ein Gaumenschmeichler. Das schrille, exotische Marillenbier: herrlich! Jenes sämige Ale, das bei jedem Sud einen Tick anders ausfällt und das nur eine einzige Dorfwirtschaft ausschenkt: Mehr davon! Phönix ist längst aus der Asche auferstanden ...

# 111 Biere

### Wien

1 ___ 1020 Wiener Lager | Wien, 100 Blumen Brauerei
*Von der Rückkehr auf Platz Nummer eins* | 10

2 ___ Victory Hop Devil IPA | Wien, 1516 Brewing Company
*Die weitergerückte Nummer eins* | 12

3 ___ Affenkönig | Wien, Brew Age
*Freak-Show im Früchteladen* | 14

4 ___ Domrep Pils | Wien, Collabs Brewery
*Alle Früchte der Karibik* | 16

5 ___ #WL001 Wiener Lager | Wien, Illegal Brewing
*Überzeugungstäter ohne Namen* | 18

6 ___ Gemischtes | Wien, Medl Bräu
*Wo zwei Biere Hochzeit feiern* | 20

7 ___ Britta von Tresen | Wien, Muttermilch
*Sind wir nicht alle Flaschenkinder?* | 22

8 ___ Jail Break | Wien, Next Level Brewing
*Schöne neue Welt* | 24

9 ___ Gold Fassl Spezial | Wien, Ottakringer Brauerei
*Das erste 16er Blech* | 26

10 ___ Helles | Wien, Ottakringer Brauerei
*Das dritte 16er Blech* | 28

11 ___ Calafati | Wien, Rodauner Biermanufaktur
*Das Bier ohne Unterleib* | 30

12 ___ Wiener Helles | Wien, Siebenstern Bräu
*Gebraute Völkerverständigung* | 32

13 ___ Honig Lavendel Weizen | Wien, Zaungast
*Mit Haubenköchen auf Augenhöhe* | 34

### Niederösterreich

14 ___ Altbayrisch Dunkel | Amstetten, s'Edla Craft Bier
*Als man im Mostviertel ein Passauer war* | 36

15 ___ Waikiki Pineapple Wheat | Breitenfurt bei Wien, 6 Beers Brewing
*Mit Hühnchen Sezuan-Style verheiratet* | 38

16 ___ Bio-Märzen | Enzersdorf (Staatz), Kurv'n Bräu Nestler
*Retter der Bahnreisenden* | 40

17 ___ Helles | Gallien (Pernegg), Gallien Bräu
*Bitte nicht weiter wahrnehmen* | 42

18 ___ Dirndlbier | Gaming, Erzbräu mit Bruckners Bierwelt
*Most plus Bier ist Österreich* | 44

**19** Alter Kartäuser | Gaming, Gaminger Kartäuserbräu
*Elixier der vereinsamten Mönche* | 46

**20** Helles | Gerolding (Dunkelsteinerwald), Geroldinger Brauhaus
*Männerbastion ade* | 48

**21** Berry White | Haag (Winklarn), Bierkanter
*Den Bauernstand updaten* | 50

**22** Red David | Inning (Hürm), Birgl-Bräu
*Handarbeit statt Goliath* | 52

**23** Altbier | Krumbach, Schwarz Bräu
*Der Überlebende vom deutschen Rhein* | 54

**24** Märzen | Laa an der Thaya, Hubertus Bräu
*Ein vollendeter Galan* | 56

**25** Hildegonde | Landegg (Pottendorf), Gallier Bräu
*Weltkulturerbe mit Beeren* | 58

**26** Hopfenkeller | Laxenburg, Laxenburger Brauhandwerk
*Friede den Bierschmieden* | 60

**27** Bruder und Schwester | Münichreith, Wirtshausbrauerei Haselböck
*Das Kultbier, das man jagen muss* | 62

**28** Wiener Lager | Purkersdorf, Gablitzer Privatbrauerei
*Klassiker mit Intensität und Tiefe* | 64

**29** Hopf'n Roll | St. Pölten, Privatbrauerei Egger
*Der Sommer soll kommen* | 66

**30** Marillen Sour | Schiltern, Brauschneider
*The UFO has landed* | 68

**31** Bio Roggenbier | Schrems, Bierbrauerei Schrems
*Die Renaissance der Regionalität* | 70

**32** Schwechater Wiener Lager | Schwechat, Schwechater Brauerei
*Das erste seiner Art* | 72

**33** Retzbacher Kellerbier | Unterretzbach (Retzbach), Winzerbräu Hofbauer
*Wenn zwei Seelen durstig sind* | 74

**34** Waidhofener Schlederwamperl | Waidhofen an der Thaya, Hopfenspinnerei
*Genießen oder tanken* | 76

**35** Helles | Weitra, Bierwerkstatt Weitra
*Das neue Maß der Süffigkeit* | 78

**36** Haus- und Hofbier | Wiener Neudorf, WieNeuBräu
*Für die Großstadt nichts übrig* | 80

**37** Stammbräu | Wieselburg, Brauerei Wieselburg
*Ein Plopp für das Auge* | 82

**38** Zwettler Saphir | Zwettl, Privatbrauerei Zwettl
*So trocken wie Gestein* | 84

## Oberösterreich

**39** — Das Zwickl | Altheim, Brauerei Raschhofer
*Das Erste seiner Art* | 86

**40** — Premium Märzen | Altheim, Wurmhöringer
*Masse geht auch klasse* | 88

**41** — Schwarze Tinte | Dietraching (Moosbach), Dietrachinger Privatbrauerei Seidl
*Ein Gastbeitrag von Mareike Hasenbeck* | 90

**42** — Landler | Dörnbach (Wilhering), Florianibräu
*Fünf Jahrzehnte Revolution* | 92

**43** — Samichlaus | Eggenberg (Vorchdorf), Brauerei Schloss Eggenberg
*Der eingebürgerte Nikolaus* | 94

**44** — Gregorius | Engelszell (Engelhartszell), Stift Engelszell
*Mönche mögen's stark* | 96

**45** — Ernstinger Wirts-Bräu | Ernsting (Ostermiething), Wirt z'Ernsting
*Wie in schönen Filmen* | 98

**46** — Rotschopf | Freistadt, Braucommune Freistadt
*Eine für alle* | 100

**47** — Pils | Grieskirchen, Brauerei Grieskirchen
*100 von 100 Punkten* | 102

**48** — Stille Nacht Bier | Gundertshausen (Eggelsberg), Brauerei Schnaitl
*Schmecke: Der Retter ist da!* | 104

**49** — G'froren's | Hofstetten (St. Martin im Mühlkreis), Brauerei Hofstetten
*Highend der Aromenfülle* | 106

**50** — Granit-Serie | Hofstetten (St. Martin im Mühlkreis), Brauerei Hofstetten
*Der Stein der Gourmets* | 108

**51** — Linzer Original | Linz, Linzer Brauerei
*Ein Bier kann nicht lügen* | 110

**52** — Karolina | Neufelden, Neufeldner Biobrauerei
*Unkraut von enormem Wert* | 112

**53** — Urtrunk | Neumarkt im Hausruckkreis, Ritterbräu
*Bayerische Restheimatgefühle* | 114

**54** — Kramperlbock | Palmsdorf (Attersee am Attersee), Brauerei Kaltenböck
*Wenn die Nacht am längsten ...* | 116

**55** — India Pale Ale | Ried im Innkreis, Brauerei Ried
*Neues für den Mehrheitsgaumen* | 118

**56** — Irrseeer Hell | Römerhof (Oberhofen am Irrsee), Römerbräu
*Authentisch ist ein Lebensstil* | 120

**57** — Weiße hell | Schärding am Inn, Brauerei Jos. Baumgartner
*Zur Erbfolge verpflichtet* | 122

**58** — Pulverfassl | Schärding, Kanonenbräu Brauschiff
*Flussfahrt mit Bier* | 124

**59**\_\_\_\_ Landbier | Schärding am Inn, Brauerei Kapsreiter
*Vom Segen einer Auferstehung* | 126

**60**\_\_\_\_ Böhmerwald Zwickl | Schlägl (Aigen-Schlägl), Stiftsbrauerei Schlägl
*Wo der Dichter seinen Segen findet* | 128

**61**\_\_\_\_ Meisterstück | Steinbach am Attersee, Bierschmiede
*Das beste selbst filtrierte Pils der Welt* | 130

**62**\_\_\_\_ Pure Awesomeness | Tragwein, Beer Buddies
*Quelle des natürlichen Geschmacks* | 132

**63**\_\_\_\_ Uttendorfer Pils | Uttendorf (Helpfau-Uttendorf), Brauerei Vitzthum
*Schwelle zum Elysium* | 134

**64**\_\_\_\_ Baltic Porter | Vorderschlagen (Ampflwang im Hausruckwald), Pfeiffi's Bräu
*Schwarz wie ein Kohlebrikett* | 136

**65**\_\_\_\_ Hofbier | Vordersteinig (Frankenburg am Hausruck), Ramp'n Bräu
*Hier ist alles selbst gebaut* | 138

**66**\_\_\_\_ Bio Mystique | Wildshut (St. Pantaleon), Stiegl-Gut Wildshut
*Der flüssige Rubin* | 140

**67**\_\_\_\_ Gmahde Wiesn | Wildshut (St. Pantaleon), Stiegl-Gut Wildshut
*Sudhaus mit Kräutergarten* | 142

**68**\_\_\_\_ Zipfer Urtyp | Zipf (Neukirchen an der Vöckla), Brauerei Zipf
*Das Versprechen, das hält* | 144

### Salzburger Land

**69**\_\_\_\_ Phönix aus der Asche | Bruck an der Großglocknerstraße, Pinzgau Bräu
*Das Bier, das fast ein Whisky ist* | 146

**70**\_\_\_\_ Steinbier | Elsenwang (Hof bei Salzburg), Brauhaus Gusswerk
*Süße Grüße nach Kärnten* | 148

**71**\_\_\_\_ Weizen | Gries (Bruck an der Großglocknerstraße), Kohlschnait Bräu
*Die Kunst, dem Tourismus eine Seele zu geben* | 150

**72**\_\_\_\_ 1475 Pale Ale | Kaltenhausen (Hallein), Hofbräu Kaltenhausen
*Hier weht ein eisiger Wind* | 152

**73**\_\_\_\_ Milk Way | Krimml, Anton Wallner Bräu
*Ein gezapftes Dessert* | 154

**74**\_\_\_\_ Jaga | Mauterndorf, Mühltaler Brauerei
*Wuchtig wie seine Landschaft* | 156

**75**\_\_\_\_ Kiesbye's Waldbier | Obertrum am See, Kiesbye's Naturbrauerei
*Du sollst dir ein Bildnis machen* | 158

**76**\_\_\_\_ Trumer Pils | Obertrum am See, Trumer Privatbrauerei
*Weltstar mit Geheimnissen* | 160

**77**\_\_\_\_ Märzenbier | Salzburg, Augustiner Bräu Kloster Mülln
*Die Speisung der Tausend* | 162

**78**\_\_\_\_ Back from Space | Salzburg, Brauton
*Bier mit Musikgeschmack* | 164

79 — Weiße hell | Salzburg, Die Weiße
*Plopp ist Kult* | 166

80 — Bio Zwickl | Salzburg, Stieglbrauerei
*Ein andere Welt ist machbar* | 168

## Tirol

81 — St. Johanner Zwickl | St. Johann in Tirol, Huber Bräu
*Direkt vom Braumeister* | 170

82 — Sölsch | Sölden, Bäckelar Brewery
*Posse mit Fehlermeldung* | 172

83 — The Padawan | Sonnendorf (Schwoich), Bierol
*Friede den Sternen* | 174

84 — Heimatbier | Tarrenz, Brauerei Schloss Starkenberg
*Badehose nicht vergessen* | 176

85 — Gauder Bock Serie | Zell am Ziller, Brauerei Zillertal Bier
*Ohne Bier kein Weltkulturerbe* | 178

## Vorarlberg

86 — Weizen | Bludenz, Brauerei Fohrenburg
*Einhorn gesichtet* | 180

87 — Cultus Bock | Dornbirn, Mohrenbräu
*Hinterm See geht's weiter* | 182

88 — Spezial | Dornbirn, Mohrenbräu
*Im Glauben geeint* | 184

89 — Wäldler | Egg, Brauerei Egg
*Gemeinschaft rettet* | 186

90 — Oansa Sud | Fluh (Bregenz), Grabhers Sudwerk
*Amerika mit Alpenblick* | 188

91 — s'klenne | Frastanz, Brauerei Frastanz
*Hier herrscht Lederhosenpflicht* | 190

## Kärnten

92 — Privat Pils | Hirt (Micheldorf), Brauerei Hirt
*Retter des Abendlandes* | 192

93 — Schleppe No. 1 | Klagenfurt, Schleppe Brauerei
*Der zugewanderte Stammtischbruder* | 194

94 — Carinthipa | Kötschach-Mauthen, Biermanufaktur Loncium
*Das Wohlfühlaroma der Provinz* | 196

95 — Heller Rudolph | Oberwollanig (Villach), Malle Biermanufaktur
*… dann ist er eben aus* | 198

96 — Granat | Untertweng (Radenthein), Shilling
*Der Edelstein, der nach Rosinen duftet* | 200

| 97 | Villacher Hausbier | Villach, Villacher Brauerei
*Tänzchen im Mundraum* | 202
| 98 | Lemisch | Wimitz (Kraig), Wimitzbräu
*Naturstoff mit Nebeneffekt* | 204

## Steiermark

| 99 | Tak | Bad Radkersburg, Brauhaus Bevog
*Banksy in flüssig* | 206
| 100 | Walküre | Fürstenfeld, Nibelungengold Privat-Brauerei und Destillerie
*Der Champagner, der die Ritter fällt* | 208
| 101 | Das »bierige« Bier | Graz, Brauerei Puntigam
*Die Anführungszeichen mitsprechen!* | 210
| 102 | Reininghaus Jahrgangspils | Graz, Brauerei Puntigam
*In bester Erinnerung* | 212
| 103 | Stifts-Zwickl hell | Leoben, Gösser Brauerei
*Mal was anderes riskieren* | 214
| 104 | Murauer Märzen | Murau, Brauerei Murau
*Bahnfahrt zur Extraklasse* | 216
| 105 | Hermann | Obertiefenbach (Kaindorf), Brauerei Gratzer
*Vom Hasen, dem Igel und dem Bär* | 218
| 106 | Schnee Weiße Bio | Schladming, Schladminger Brauerei
*Probelauf für neue Maßstäbe* | 220
| 107 | Lager Hell | Vockenberg (Stubenberg am See), Hofbrauerei Moarpeter
*Weißer Fleck im Grünen* | 222
| 108 | Biogold Hausbier | Wagenbach (Ebersdorf), Toni Bräu
*Der heilige Gral ist gefunden* | 224
| 109 | Herzogs Pater Ator | Wundschuh, Herzogs Bierbotschaft
*In 80 Bieren um die Welt* | 226

## Burgenland

| 110 | Kästensud | Gols, Privatbrauerei Gols
*Schönheit und Tiefe* | 228
| 111 | Hausbier | Heugraben, Zickentaler Brauerei
*So süß wie die Rache* | 230

# 1\_ 1020 Wiener Lager
*Von der Rückkehr auf Platz Nummer eins*

Die Münchner haben es schon immer verstanden, sich für ihren Anteil an der Erfindung der Untergärigen – der Großfamilie der Lagerbiere – feiern zu lassen. Und die Wiener? Sie mussten erst von der Craft-Beer-Welle der 2010er Jahre überrollt werden. Erst dank Neugründungen wie der 100 Blumen Brauerei vermochte sich das Wissen einen Weg zurück in ihre Köpfe zu bahnen, dass der revolutionäre Umsturz weg von den Plörren des Mittelalters und hin zum Guten 1836 am Rand der Donaumetropole eingeleitet worden war.

Der Schauplatz damals: Schwechat. Als erster Brauer Kontinentaleuropas wird Anton Dreher dort zwei Übel beseitigen, die seinen Zeitgenossen das Bier vergällen. Er kopierte eine bis dahin nur in England bekannte Vermälzungstechnik. Auf dem Kontinent konnte man die gekeimte Gerste nur mit offenem Feuer darren. Bier schmeckte daher wie Räucherschinken. Außer, es basierte auf Drehers Wiener Malz. Zusätzlich verwendete er eine untergärige Hefe. Dank ihr konnten sich Wiens Schluckspechte erstmals sicher sein, kein bereits verdorbenes Nass vorgesetzt zu bekommen.

Einer der Schauplätze heute: jene ehemalige Fabrikhalle draußen im 23. Bezirk, in der die 100 Blumen Brauerei durstige Kehlen mit einer international inspirierten Sortenvielfalt auf höchstem Niveau beglückt. Der Crew um Alexander Forstinger ist der Geniestreich gelungen, jenen Biertyp, der die Schwechater vorübergehend zur größten Brauerei der Welt aufsteigen ließ, einerseits originalgetreu zu rekonstruieren, zugleich aber heutigen geschmacklichen Vorlieben zu unterwerfen. Kastanienbraun mit rotem Stich. Ein leicht süßliches, elegantes Malzfundament. Kernig im Geschmack. Leicht nussig. Blass vor Neid sitzt der Gast aus München vor seinem Glas. Dorthin degradiert, wo er in dieser Geschichte gehört: auf Platz zwei. Ein fulminanter Einstieg in eine Rundreise zu den 111 flüssigen Highlights Österreichs.

**Adresse** 100 Blumen Brauerei, Endresstraße 18 (Zufahrt über Scherbangasse 5), 1230 Wien, www.100blumen.at | **Bierprofil** Wiener Lager, Helles, Pils, Schankbier, Zwickl, Lager, ständig wechselnde, von internationalen Bierkulturen inspirierte Sondersude und Kooperationssude mit anderen Craft-Brauereien | **Öffnungszeiten** Ausschank-Betrieb und Rampenverkauf Do, Fr, Sa 16 – 22 Uhr. | **Tipp** Die 100 Blumen Brauerei wird immer wieder von Enthusiasten genutzt, die selbst keine Brauanlage besitzen – zum Beispiel von Stefan Germany aus Maria Enzersdorf, der seine Leckereien unter dem Namen Tschöams Biere vermarktet.

# 2  Victory Hop Devil IPA
*Die weitergerückte Nummer eins*

Nur damit sie im Plattenregal das Schlusslicht bildet, taufte ein gewisser Billy Gibbons 1969 seine neue Band ZZ Top. Das versprach Aufmerksamkeit. Die 100 Blumen Brauerei mag es verstanden haben, mit demselben Trick ihren Kollegen Horst Asanger auf Platz 2 zu verdrängen. Für Koryphäen wie Conrad Seidl, den Erfinder des Titels Bierpapst, der diesen sogleich für seine Wenigkeit schützen ließ, gibt es da dennoch nichts zu diskutieren. Wiens erste Adresse ist und bleibt ein urgemütlich stylischer Brewpub, den man allem Anschein nach direkt aus den Straßenschluchten von New York in die Innere Stadt gebeamt hat, die 1516 Brewing Company.

Conrad Seidl ist nicht ganz unschuldig, dass sich Asanger Ende der 1990er Jahre für das Wagnis entschied, einen unbekannten Gasthaustyp über den Atlantik herüberzuholen. Asanger hatte ein Faible für IPAs – Biere, von denen damals niemand wusste, wie man das Namenskürzel aussprechen soll. Es war der Bierpapst, der ihm riet, in diesem Nass zu denken und mit ihm die Provinzialität aus der Stadt fortzuspülen.

Zwei Dinge muss man wissen, wenn man sich zum ersten Mal ins stets überfüllte 1516 aufmacht: a) Man spricht dort Englisch. b) Die Finger von der Lagerbieren lassen! 90 Prozent der Gäste ordern das Altgewohnte. Deshalb haben die Lagerbiere keine Chance, auch nur im Ansatz auszureifen. Im 1516 schlemmt man sich durch die Spezialitätenkarte. Pflicht ist das Victory Hop Devil IPA (sprich: Eipiäj), das einer ganzen Generation als Eintrittskarte in die Welt der vor Fruchtaromen nur so strotzenden Ales gedient hat. 2004 nahm Bill Covaleski, Gründer der Victory Brewing Company aus Downingtown, Pennsylvania, Asangers Einladung an, sich gemeinsam ins Hinterzimmer mit dem Sudkessel zurückzuziehen. Asangers Sude der dort entstandenen Rezeptur fallen stets einen Trick vollmundiger aus als Covaleskis Version, die in den USA in aller Munde ist.

**Adresse** 1516 Brewing Company, Schwarzenbergstraße 2, 1010 Wien, Tel. 01961/1516, www.1516brewingcompany.com | **Bierprofil** Lager, Gemischtes, Dunkles, Weizen, Hop Devil IPA und saisonal wechselnde weitere Vertreter der Familie der Ales, holzfassgereifte Starkbiere, Kreativbiere | **Öffnungszeiten** täglich außer Heiligabend ab 10 Uhr | **Tipp** Ein paar Häuser weiter, in der Krugerstraße 8, beeindruckt das Lokal Stadtboden mit einer brillant zusammengestellten internationalen Bierkarte.

# 3 Affenkönig
*Freak-Show im Früchteladen*

Gefragt, was ihnen beim Stichwort Wien in den Kopf schießt, schwärmen die Reisenden von Schnitzel und Sachertorte. Natürlich. Und von der legendären Unfreundlichkeit, mit der sie die Kellner abserviert haben. Ganz großes Kino! Ein Schauspiel, das einem an die Nieren geht. Und wo überall man sich eine Grießnockerlsuppe, ein Kaffeetscherl oder lieber doch gleich das erste Bier des Tages kommen lassen kann! 4.360 Locations mit Bier vom Fass. Macht bei im Schnitt vier Zapfstellen: 17.440 Hähne. Aber kein einziger von ihnen, so Johannes Kugler und Thomas und Michael Mauer 2014, hat auf sie und ihr Craft-Label Brew Age gewartet.

Ohne es konkret zu wissen, verfolgten die drei bereits seit jenem Abend den Plan, der Bierstadt Wien eine weitere Edelmarke hinzuzufügen, an dem Johannes Kugler erstmals den Mut fasste, den anderen sein Selbstgebrautes einzuschenken. Aber erst sein Garten Eden, ein Bier mit Holunderblüten, machte die Brüder zu Mitstreitern. Kugler ging ins bayerische Weihenstephan, studierte Brauwesen. Dass er mit dem Potenzial zurückkehrte, sich zu einem der versiertesten Sudkesselkünstler Wiens weiterzuentwickeln, hieß aber noch lange nicht, dass ein Wirt einen Zapfhahn freistellte.

Deshalb machte sich das Team zum Affen, wenn es einem Beisl, einem Festival und einem Klassentreffen der Szene die Ehre erwies. Einer von ihnen setzt eine Affenmaske auf, hängt sich einen Königsmantel um und schwenkt eine Ananas als Zepter. Eigentlich wollte Brew Age die Gaumen mit extrem verwegenen Kompositionen erobern: Bananenbier, Himbeerbier … Durch die Show aber stieg ihr Affenkönig zu ihrem Signaturbier auf – ein Imperial India Pale Ale, dessen knackige Hopfenbittere sich Zeit lässt, den Mundraum trocken zu legen, bevor sie ihn dann in einen Laden für tropische Früchte umdekoriert. Preisgekrönt. Affenstark! Und das nicht nur wegen wahrlich imperialer 8,2 Prozent.

**Adresse** Brew Age, Hausfeldstraße 198, 1220 Wien, Tel. 01680 / 1155120, www.brewage.at | **Bierprofil** Affenkönig, Alphatier (New England IPA), Pale Ale, mehrere India Pale Ales, Helles, Barley Wine, wechselnde Sondersude | **Öffnungszeiten** Termine für Rampenverkauf siehe Website | **Tipp** Das im 6. Bezirk versteckte Craft-Bier-Beisl Ammutson (Barnabitengasse 10) lockt mit zwölf Zapfhähnen plus 70 Flaschenbieren plus 40 belgischen Lambics.

## 4  Domrep Pils
*Alle Früchte der Karibik*

Unter den Hunderten von Szene-Beisln, die der Wiener seinem neu in das Labyrinth der Straßen zugezogenen Arbeitskollegen als zugleich typisch und verrückt anzupreisen nicht müde wird, kommt stets einem draußen im 15. Bezirk versteckten Eckhaus die Ehre der ersten Empfehlung zu. Und das nicht, weil das Hawidere diesen Anspruch in seinen Namen hineingeschmuggelt hat. 14 Zapfhähne bezeugen eine Zuneigung zum Thema Bier, bei der es sich um Liebe handeln muss. Weitere 41 Flaschenbiere halten Ausschau nach offenen Mündern. Total trendy. Total zeitlos. Total nette Leute.

Im Oktober 2014 erwarb sich der Melting-Pott einen weiteren Ehrentitel. Adalbert Windisch – Funktion: der Wirt – und Dominique Schilk – Spitzname: die Braulady – beschlossen, fortan Kunstwerke zu erschaffen. Aus Hopfen, Malz und liebend gern auch exotischen Zutaten. Das Hawidere wurde zum Hauptquartier ihres Labels. Ihr erster Wurf: ein Pils. Gold beim World Beer Award und der Brussel Beer Challenge. Und natürlich auch bei der Austrian Beer Challenge. Domrep heißt es. Wegen Domenique? Oder doch wegen seiner Frucht-Aromatik, die exakt so ausladend wie bei jenen Obstkörben arrangiert ist, deren Fotos dann in den Reisebüros für die Karibik werben. Erst allmählich gelingt es der knackigen Bittere, die Aufmerksamkeit zu sich herüber zu ziehen. Dick aufzutragen – die Collabs Brewery hat da keine Bedenken.

Zu dick aufgetragen ist allerdings der Name des Labels. Die Abkürzung Collabs steht für die Gepflogenheit der Craft-Beer-Community, sich bei der Kreation eines neuen Biers mit Kollegen zusammenzuschließen. Haken dran. Im teuren Wien eine Brewery zu betreiben, das hingegen wollen Dominique Schilk und Adalbert Windisch nun wirklich nicht. Als Gipsybrauer (Synonyme: Wanderbrauer, Nomadenbrauer) mieten sie sich draußen in der Provinz in Sudhäusern ein, nutzen deren Equipment – bis hin zum Flaschenfüller.

**Adresse** Collabs Brewery und Hawidere, Ullmannstraße 31, 1150 Wien, Tel. 01/664/88230343 (Collabs Brewery), Tel. 0664/1508429 (Hawidere), www.collabs.beer, www.hawidere.at | **Bierprofil** Domrep Pils, ständig neue Kreationen: Pale Ale, Berliner Weisse, Wiener Lager mit Dörrzwetschgen, Stout mit roten Trauben | **Öffnungszeiten** Hawidere täglich ab 16 Uhr | **Tipp** Im Rupp's (5. Bezirk, Arbeitergasse 46) mag die Bierauswahl klein sein. Egal, warten dafür doch über 1.000 Sorten Whisky darauf, probiert zu werden.

# 5 \_\_ #WL001 Wiener Lager
*Überzeugungstäter ohne Namen*

Verboten gut zu sein ist das Versprechen, mit dem drei Brüder seit 2018 die Aufmerksamkeit der Bier-Community auf sich ziehen. Allerdings: Sie entschieden, ihre Identität geheim zu halten. Vielleicht wegen der Gefahr, mit ihren Wunderwerken eine Karriere hinzulegen, die mit der eines Bill Gates, Steve Jobs und Jeff Bezos und anderen Kraken des Hyperkapitalismus vergleichbar ist. Oder doch aus Gründen des Selbstschutzes. Auch sie begonnen in einer Garage.

Hier die wenigen Fakten, die bekannt sind. Name: Illegal Brewing. Ein Bierlabel ohne eigene Brauanlage. Mit großer Wahrscheinlichkeit ein Seitenprojekt aus der Wiener Bierprominenz. Höchst kindischer, auf kriminelle Bande getrimmter Webauftritt, der mächtig nervt. Typisches Craft-Sortiment: Ales, IPAs, Stout. Mitunter kuriose Zutaten. Der bisher größte Wurf: der Hashtag WL001, ein Beitrag zur Wiederbelebung jenes Bierstils, mit dem der Schwechater Anton Dreher 1841 den wohl bedeutendsten Umbruch in der Geschichte des Brauwesens einläutete, des Wiener Lagers.

Fünf Jahre brauchte Dreher, bis er aus seinem ersten Versuchssud ein in beliebiger Quantität reproduzierbares Qualitätsprodukt geformt hatte. Das Gros seiner Probleme war technischer Natur. Wie den Gärkeller auf konstante acht bis vier Grad Celsius herunterkühlen? Die Kältemaschine war noch nicht erfunden. Woher ein spezielles Malz bekommen, das er neu entwickelte und das daher noch niemand herstellen konnte? Es verleiht dem kastanienbraunen Trunk einen schlanken Körper, der in der Version von Illegal Brewing mit einer äußerst angenehmen Biskuit-Note gepaart ist. Wie Dreher entschied sich auch das Trio für Hopfen aus dem nordböhmischen Saaz. Seine erdig-grasigen Noten runden die Rekonstruktion ins Harmonische hin ab. Tatsächlich: So könnte er geschmeckt haben. Der erste Trunk, mit dem sich Europa von der Bierkultur des Mittelalters verabschiedete.

**Adresse** Illegal Brewing, www.illegalbrewing.at | **Bierprofil** Wiener Lager, Pils, Red Ale, Sout, Milk Stout, Weizen-Stout, diverse India Pale Ales, belgisches Wit mit Feige | **Öffnungszeiten** nur über die Kontaktseite der Website erreichbar | **Tipp** Als Pub bezeichnet sich das urgemütliche, südlich des Westbahnhofs gelegene Wirtshaus Känguruh. Auf der Karte: über 200 Biere vorwiegend von kleinen Brauereien und Biercocktails (www.kaenguruh-pub.at).

# 6 Gemischtes
*Wo zwei Biere Hochzeit feiern*

Entgegen des ersten Anscheins ist diese Sudstätte doch nicht eine der 500 Brauereien, die in der Hochzeit der Biervielfalt, dem Ende des 18. Jahrhunderts, den Wienern den Wein madig machten. In Baumgarten, ab 1784 ein eigenständiges Pfarrdorf, heute in den 14. Bezirk eingegliedert und damit fernab der Touristenströme gelegen, hält die Medl Bräu die Tradition der k. u. k. Monarchie so gekonnt wie kein anderer Biertempel der Stadt am Leben. Jeder ist willkommen, an der kollektiven Sehnsucht nach einer vermeintlich besseren alten Zeit teilzunehmen. Man sitzt in einer filmreifen Kulisse, verleibt sich Biere ein, die so schmecken, als wären sie schon anno dazumal exakt so gebraut worden. Spätestens nach drei, vier Krügerl ist man sich sicher, dass die anderen Gäste bezahlte Statisten sind.

    Höchster Ausdruck dieser behäbigen Genusskultur ist eine Biersorte, die sich die Stammgäste so selbstverständlich in den Magen hinabschlauchen, als handle es sich um Muttermilch. Speziell im Sommer, wenn sie sich nach hinten in den schattigen Gastgarten zurückziehen. Den Fremden aber schreibt dieses Bier ein Fragezeichen ist Gesicht. Sofern sie nicht aus Böhmen stammen. Wenn nicht gar blankes Entsetzen. In Deutschland auf Grund des Reinheitsgebots streng verboten und daher für einen Piefke Auslöser quälender Gewissensbisse, suggeriert der Name, dass der Zapfer zwei Hähne öffnet, aber nur ein Krügerl vollmacht. Ein Gemischtes halt. 50 Prozent Märzen, mit einem Dunklen aufgegossen, ergibt eine vitalisierende Melange aus würziger Hopfenbittere und lieblicher Süße.

    Zu verdanken haben die Wiener das Kultwirtshaus dem staatlichen Lotto. 1987 erspielte sich der Müllfahrer Johann Medl 26 Millionen Schilling. Obwohl Bier, wie er offen zugibt, so gar nicht sein Getränk ist, beschloss er, sie in den Umbau eines alten Fuhrmannshauses mit Remise in eine urige Gasthausbrauerei zu investieren.

**Adresse** Medl Bräu, Linzer Straße 275, 1140 Wien, Tel. 01/9144340, www.medl-braeu.at |
**Bierprofil** Märzen, Helles, Dunkles, Gemischtes | **Öffnungszeiten** Di – Sa 10 – 24 Uhr |
**Tipp** Im 3. Bezirk kann man sich den Abend mit einem Gasthausbrauerei-Hopping versüßen – ein nur kurzer Fußmarsch trennt den Salm Bräu (www.salmbraeu.com) vom Stöckl im Park (www.stoecklimpark.at).

## 7 Britta von Tresen
*Sind wir nicht alle Flaschenkinder?*

Weil die Wiener nun einmal so sind, wie sie sind, hätte Sigmund Freud in keiner anderen Stadt seine Theorien über Penisneid, Kastrationsangst und den Ödipuskomplex entwickeln können. Nicht minder genial: Der Marketing-Schachzug, den sich der Getränkehändler Ammersin einfallen ließ, als er sein Portfolio 2017 um eine Craft-Bier-Brauerei erweiterte. Ab auf die Couch. Augen schließen. Eine Sturzflut von Assoziationen, die zum Ursprung allen Durstes führen. Zu Mamas Zitzen. Der Name Muttermilch hat das Zeug, sich international als Synonym für *The only real drink from Vienna* festzusetzen.

Aber schmecken die Lustbarkeiten denn auch, die der Biersommelier Markus Betz und sein Brauer Karl Karigl unweit des Naschmarkts einmaischen? Der Ort, dem die legendäre Britta von Tresen und 15 weitere Craft-Kreationen entstammen, wird allzu oft übersehen. Als Anfang der 2010er Jahre der Craft-Bier-Trend aus den USA herüberschwappte, erhielt Markus Betz den Auftrag, die Schaufensterfront der Gumpendorfer Straße 35 für ein Fachgeschäft in Beschlag zu nehmen. *Beer Lovers* brach – und bricht – mit 1.500 Sorten von über 100 Brauereien alle Rekorde. Aber erst als der Hype um neuartige Geschmackswelten auch die Skeptiker erfasst hatte, ließ er hinter dem Verkaufsraum eine Sudanlage einpassen. Weitere zwei Jahre nahm sich Betz Zeit, um die Anlage einzuspielen.

Man muss wissen, dass die Juroren der beiden Wettbewerbe, zu denen er 2019 seinen Star schickte, nicht wissen, welches Bier ihnen wann vorgesetzt wird. Bei der Austrian Beer Challenge fand sich Britta von Tresen, ein naturtrübes, hoch aromatisches, aber nur moderat bitteres Pils, auf dem Siegertreppchen. Bei der Brussels Beer Challenge holte sich das elegante Blondinchen gar Platz eins. Übrigens: Der Nachbarn wegen leitet man alle brautypischen Ausdünstungen in die Kanalisation. Die echte Muttermilch entsteht ja auch geruchlos.

**Adresse** Muttermilch und Beer Lovers, Gumpendorfer Straße 35, 1060 Wien, Tel. Brauerei 01/5810513, www.muttermilchbrewery.at, www.beerlovers.at | **Bierprofil** Britta von Tresen (Pils), Milchbubi (Wiener Lager), 14 weitere, teils extrem ausgefallene Stammsorten mit nicht minder phantasievollen Namen, Sondersude | **Öffnungszeiten** Beer Lovers Mo–Fr 11–20 Uhr, Sa 10–17 Uhr, Termine für Bierkunde-Workshops siehe Website | **Tipp** Im Ammersin-Getränkemarkt in Wien-Hietzing (Speisinger Straße 31) mag die Auswahl deutlich geringer sein. Dafür kann man dort im Hof kostenlos parken.

# 8 — Jail Break
*Schöne neue Welt*

Als sich um 2010 in Wien und schließlich in ganz Österreich eine zweite, parallele Bierwelt etablierte, schoben schöne junge Menschen plötzlich Wörter über den Tresen, die die alten, mit Falten überfurchten Tippler als flüssige Modechemie mit Schuss interpretierten. Hingestellt aber bekamen sie ein Bier. Ein Pale Ale – die Standardklasse. Obergärig. Spritzig. Ein IPA – die Abkürzung für India Pale Ale, eine mächtige bittere, nach Litschi und Zitrone duftende Aromenbombe. Ein Bockbier ist jetzt imperial – und ein Märzen der Brau Union zu zapfen ein Verbrechen. UNO-Blauhelme, bitte eingreifen! Hier werden gerade die Menschenrechte mit Füßen getreten.

2015 sind zwei dieser schönen jungen Menschen auch noch so frech, eine Revision des Wörterbuchs der neuen Biere einzufordern. Erst gründen Alex Beinhauer und Johannes Grohs Mashcamp, einen Fachhandel für Hobbybrauer. Dann verschmelzen sie das Ladengeschäft mit einem Beer Store, in dem Sofas dazu auffordern, die Zeit zu verhocken. Es folgt ein Bierlabel, dessen Kompositionen alles sein dürfen außer normal. Mit dem Vorschlag, echt handwerkliches Craft Beer analog zu den Independent-Bands der 1990er Jahre, die sich der Musikindustrie verweigerten, in Indie Beer umzubenennen, kann sich Next Level Brewing nicht durchsetzen. Wohl aber mit seinen flüssigen Kunstwerken.

Was vom Aufstand gegen die Revolution geblieben ist? Eine Unmenge an Medaillen und Urkunden, der Ehrentitel Brauerei des Jahres und, und, und. Aber auch eine Unmenge weiter neuer Begriffe. Das sämig-trübe Jail Break, ein ganz großer Wurf von 2021, hört auf die Sortenbezeichnung NEIPA. Das NE steht für New England, wo alle nach überbordenden Fruchtaromen verrückt sind, eine intensive Hopfenbittere aber übel finden. Wenn von einem North East IPA, East Coast IPA, Vermont IPA, einem Hazy IPA oder einem Milkshake Beer die Rede ist, ist übrigens dasselbe gemeint.

**Adresse** Next Level Brewing, Mashcamp und Vienna Beer Store, Wilhelmstraße 23, 1120 Wien, Tel. 01/9744627, www.nextlevelbrewing.at | **Bierprofil** Pale Ale, IPA, wechselnde Craft-Biere und Kreativ-Sude | **Öffnungszeiten** Di – Fr 12 – 19 Uhr, Sa 10 – 18 Uhr | **Tipp** Bier könne man keine weiten Reisen zumuten – behauptet die Schalken Brauerei, die ihre Köstlichkeiten nur in ihrer Heimatstadt, in Wien, vertreibt.

## 9   Gold Fassl Spezial
*Das erste 16er Blech*

Mit derselben Selbstverständlichkeit, mit der sich die Toten aus der Kapuzinergruft bemühen, »a schöne Leich'« zu sein, sich auf dem Zentralfriedhof das Rotwild am Gras labt, das die Liegeplätze von Hinz und Kunz haben fett werden lassen, stellt sich die fülligste der Wiener Schankkellnerinnen seit nunmehr bald 200 Jahren dem guten Vorsatz in den Weg, der Leber eine Pause zu gönnen. 1837 dort gegründet, wo sich der kleine Mann seinen Sonntagsrausch überstreifte. 102 der damals 150 Häuser Ottakrings besaßen die Genehmigung zum Bierausschank. Ein gutes Omen! Einen Hektar groß, steht die einzige Großbrauerei, die dem an einer schweren Persönlichkeitsspaltung leidenden Wien geblieben ist, für den Archetyp des Proleten. Für den ruppigen Eigenbrötler, der in jedem von uns schlummert.

Nachkriegszeit. Die Besatzungsmächte sind nach Hause zurückgekehrt. Die Bürokratie ist wieder stark genug, um sich in wirklich alles einzumischen. Von der Brauwirtschaft verlangt sie, neu zu definieren, was genau die Österreicher bekommen, wenn sie ein Bier trinken wollen. Man einigt sich auf das vormals besonderen Anlässen vorbehaltene Festbier. Auf 12° Stammwürze. Auf die Alleinherrschaft des Märzens.

1967. Dementsprechend weit stand den Wienern der Mund auf, als die Ottakringer Brauerei eine dreifache Revolution an die Würstelstände auslieferte. 1) Noch nie hatten sie aus einer Dose getrunken. 2) 13,4° stark, hinterließ das Gold Fassl Spezial ein entscheidendes Mehr an Wirkung. 3) Leiwand! Und es schmeckte! Wer heute »a Eitrige« und »a 16er Blech« ordert, muss wissen: Lang ist's her! Österreichs flüssige Legende, die Opa die Geschichte seiner wilden Jugend entlockt, gibt es noch. Aber nur in der Flasche. Wie auch das erste Pils Österreichs, mit dem die Ottakringer das Bleckweckerl stattdessen von 1977 bis 2007 befüllten. Sensationell trocken, aber nur läppische 11,3° leicht.

**Adresse** Ottakringer Brauerei, Ottakringer Platz 1, 1160 Wien, Tel. 01/491000, Rampenverkauf und Shop, Ottakringer Straße 95, 1160 Wien, Tel. 01/49100900, www.ottakringerbrauerei.at | Bierprofil Gold Fassl Spezial, Zwickl, Pils, Wiener Lager, Dunkles, Rotes Zwickl, Sechzehn, Bio Pur, Gemischtes, saisonal: Bock | Öffnungszeiten Brauereiführung Mi–Sa, Voranmeldung erforderlich, Zeiten siehe Website. Rampenverkauf und Shop Mo–Do 9–18 Uhr, Fr 9–19 Uhr | Tipp Die Mikrobrauerei Beaver Brewing Company betreibt zwei Lokale – das Stammhaus in der Liechtensteinstraße 69 im 9. Bezirk und einen Brewpub in der Schönbrunnerstraße 98 (5. Bezirk).

# 10 Helles
*Das dritte 16er Blech*

420.000 Hektoliter Jahresausstoß. Und gleichzeitig Rekordhalter bei der Austrian Beer Challenge. Allein für das Helle, dem 2007 die Ehre zuteilwurde, als das neue 16er Blech das erste Pils der Braugeschichte Österreichs abzulösen, wären zudem zu nennen: 2016 Gold beim European Beer Star und 2022 bei den World Beer Awards der Titel der besten Leckerei Österreichs. Draußen im 16. Bezirk gelegen, gelingt der Ottakringer Brauerei wie keiner zweiten das Kunststück, Massenware zu produzieren, vor der sich die Juroren nationaler und internationaler Qualitätswettbewerbe verneigen.

»Gib ma a Eitrige und a 16er Hülsn – oba tschenifa!« Sag's noch einmal bitte! Ganz langsam. Zum Mitschreiben. Als einzige Brauerei kann man sich zudem rühmen, von seinen lieben Schluckspechten ins Wörterbuch der Austrozismen gehievt worden zu sein. Damit sich an dieser Stelle kein Nicht-Wiener ausgegrenzt fühlen muss:

1) Das Missverständnis, dass man nicht schon immer eine fruchtig spritzige Interpretation eines Helles hingestellt bekam, wenn man am Würstelstand ein 16er Blech bestellte, wurde bereits auf der letzten Doppelseite geklärt.

2) Weil sich in Zeiten praller Supermarktregale die Notwendigkeit erübrigt hat, einen Wintervorrat an Gemüse und Obst einzukochen – sprich: einzuwecken –, ist der Begriff Blechweckerl veraltet. Auch in seiner abgekürzten Form. Es empfiehlt sich, sich denen anzuschließen, die das zeitlose Synonym Hülse verwenden.

3) 1985 belästigten die Radiomoderatoren die Wiener unentwegt mit »The Power of Love«, einer Ballade von Jennifer Rush. Rasch. Tschenifa. Haha!

Ironie des Kults ums Blech: Für ihr Label Brauwerk, das einem fulminanten Stout, diversen Ales und anderen hippen Craft-Beer-Kreationen vorbehalten ist, setzt die Ottakringer Brauerei auf die Flasche. Obwohl unter Craft-Beer-Freaks die Dose als das Nonplusultra gilt.

**Adresse** Ottakringer Brauerei und Ottakringer Brauwerk, Ottakringer Platz 1, 1160 Wien, Tel. 01/491000, Rampenverkauf und Shop, Ottakringer Straße 95, 1160 Wien, Tel. 01/49100900, www.ottakringerbrauerei.at, www.brauwerk.wien | **Bierprofil** Helles, diverse wechselnde Interpretationen traditioneller Bierstile aus aller Welt | **Öffnungszeiten** Rampenverkauf und Shop Mo – Do 9 – 18 Uhr, Fr 9 – 19 Uhr | **Tipp** Die Freunderlwirtschaft (Grünentorgasse 21) kombiniert die Vision einer fleischarmen Traditionsküche mit einer fulminanten Auswahl an Bieren aus Österreich und aller Welt.

# 11 Calafati
*Das Bier ohne Unterleib*

Vorsicht mit den Schnäpsen! Wobei sie äußerst selten sind, die Fälle, bei denen man nicht nur einen im, sondern zudem eines zu viel hat bei den Ts. Aber von vorn: Am 4. September 1963 beschließt der Rat der Stadt Wien, das erste der dortigen Rondeaus nach einem der unvergessenen Prater-Originale zu benennen. Wo genau innerhalb des weitläufigen Beamtenapparats Basilio Calafati, Illusionist, Zauberkünstler, Ringelspielbetreiber und Würstelbrater, dann jenes zusätzliche t verpasst bekam, das der Calafattiplatz bis heute im Namen trägt? Ähm. Ja hörn's: Weiß jetzt nicht …

Ein halbes Jahrhundert später. Draußen in Rodaun, einem Außenbezirk im Süden, einem Stachel Wiens im Fleisch Niederösterreichs. In einem Keller mit einer 20-Liter-Versuchsanlage verbeißt sich der Biersommelier und -fanatiker Kurt Tojner in ein hehres Braukunstprojekt. Seit 2016 übersetzt er Musterbeispiele aus der Alt-Wiener Typenlehre ins Flüssige. Der Schani. Der Strizzi. Der Gigerl – a soo a Süßer, der die Leut' halt lieber mit seinem Charme als mit seinen Fäusten umhaut.

Der Braukünstler schaut sich das Denkmal genau an, das man dem Chinesen, wie Calafati im Volksmund heißt, 1967 im Prater gesetzt hat. Ein Riese, der unten in einem Rätsel ausläuft. Röcke verbergen, was Tojner mit seinem Bier herausarbeiten wird. Sein Calafati gehört zu jener kleinen Gemeinschaft, denen nur eine Berechtigung zur Existenz zugestanden wurde, wenn sie ihr Leben in Schaubuden fristeten. Den Abnormen.

Ein Helles mit 11,7° Stammwürze (= 4,8 Prozent Alkohol). So federleicht, als würde es schweben. Irgendwie hat der gelbe Trunk schon einen erdigen Körper. Einen recht schlanken halt. Und irgendwie aber auch gar keinen. Dort, wo ein Fundament hingehört: eine Leerstelle. 25 Prozent des Gerstenmalzes hat Kurt Tojner durch gekochten Reis ersetzt, um die Illusion eines Biers ohne Unterleib zu erzeugen.

**Adresse** Rodauner Biermanufaktur, Manowardagasse 5A, 1230 Wien, Tel. 0664/9648123, www.rodauner-biermanufaktur.at | **Bierprofil** Calafati (Helles mit Reis), Strizzi (Wiener Lager), Schani (Golden Ale), Gselchter (Rauchbier), Klaner Schwoarza (Stout), Gigerl (starkes Wiener Lager) | **Öffnungszeiten** Verkaufsstand auf dem Liesinger Markt (Liesinger Platz, 1230 Wien) jeden Freitag 8–17 Uhr | **Tipp** Im nahen Traiskirchen betreibt Roland Leimer seine 2514-Bier Privatbräu Leimer.

# 12 Wiener Helles
*Gebraute Völkerverständigung*

Bis heute haben sich Österreichs Wirtshaushocker nur bedingt mit einer Sorte anfreunden können, mit der der Münchner Spaten Brauerei 1894 ein Jahrhundertcoup gelungen war. Vielleicht, weil das Blondinchen in Bayern über Nacht das dort Braunbier genannte Wiener Lager verdrängte, das Anton Dreher fünfzig Jahre zuvor in Schwechat entwickelt hatte. Eigentlich für den norddeutschen Markt gedacht, dort aber gefloppt, schienen die Schluckspechte von der Isar regelrecht auf das Münchner Hell gewartet zu haben.

Insofern ist die schönste Gasthausbrauerei Wiens, das nach einem uralten Hauszeichen benannte 7 Stern, auch ein Ort der Versöhnung. Der Genusstempel mit dem Charme der Kaiserzeit wurde 1994 in ein Bürgerhaus eingepasst, das man im Barock über einem Weinkeller hochgezogen hatte. Kredenzt werden acht Stammsorten. Dazu wechselnde Monatsbiere. Allesamt Highend-Gaumenerlebnisse.

Als Slowake ist es der Brauer Vlado Sedmak bei nationalen Befindlichkeiten gewöhnt, zwischen den Stühlen zu sitzen. Seinem Hellen hat er den Namenszusatz Wiener vorangestellt. Aber nicht allein deshalb liegt es in der Gunst der einheimischen Gäste gleichermaßen wie bei den Touristen ganz vorn, die ebenfalls hoffen, ihn an der mitten im Gastraum platzierten Sudanlage hantieren zu sehen. Sedmak, der es übrigens schon 1999 und damit als Erster wagte, Wien mit einem Pale Ale zu beglücken, hat ein wenig an der Rezeptur geschraubt. Ein Münchner Hell hat einen Körper, der so zart ist wie der einer Ballerina. Es soll ja nicht beim Karteln stören. Auch soll nicht auffallen, dass man schon wieder ein Krügerl geleert hat. Hierfür wird es filtriert. Außer im Siebenstern. Wo es eine prächtige Vollmundigkeit entfalten, mitreden darf. Böhmischer Hopfen schiebt es zudem in Richtung Pils. Auch Sedmaks Märzen ist übrigens ein U-Boot. Genau hingeschmeckt, entpuppt es sich als Anton Drehers Wiener Lager.

**Adresse** Siebenstern bzw. 7 Stern Bräu, Siebensterngasse 19, 1070 Wien, Tel. 01523/8697, www.7stern.at | **Bierprofil** Wiener Helles, Dunkles, Märzen, Hanfbier, Chilibier, India Pale Ale, saisonal u. a. Rauchbier, Weizen, Bockbiere | **Öffnungszeiten** täglich ab 11 Uhr; 24-Stunden-Versorgung via Bierautomat | **Tipp** Ums Eck, in der Neubaugasse 72, lockt das Fachgeschäft Bierothek mit einer überzeugenden Auswahl österreichischer, fränkischer und internationaler Spezialitäten.

# 13\_Honig Lavendel Weizen
*Mit Haubenköchen auf Augenhöhe*

Ein Leben lang nur Märzen schlucken. Für 80 Prozent der Österreicher ein Ausdruck höchster Lebensqualität. Für Martin Wohlkönig hingegen: Auf Dauer so langweilig wie London, wo er als Banker Traumrenditen hinterherhetzte. Hin und weg! Das war auch die Jury der Austrian Beer Challenge. Wegen seines Muts, beides in einem Rutsch zu ändern – und weil es ihm ungemein gekonnt gelang, ihre in unzähligen Seminaren geschulten, überkritischen und unbestechlichen Gaumen zu beeindrucken.

2021. Wohlkönig nimmt erstmals am wichtigsten Bierwettbewerb Österreichs teil. Mit zwei gewagten Kreationen. Einem Mango IPA. Und dem Honig-Lavendel-Weizen, das man schon auf zehn Meter Entfernung am Duft erkennt. Es katapultiert seine Marke Zaungast aus dem Stand in den Olymp der österreichischen Gipsy-Brauereien. Ausgangspunkt dieses Wagnisses, die neugierigen 20 Prozent auf eine kulinarische Terra incognita zu führen: Ein filtriertes Weizenbier US-amerikanischen Typs. Ein auf neutral getrimmtes Nass. Es bildet ein weiches Malzbett. Eine Bühne, auf der der zu ewiger Dominanz verdammte Lavendel und seine zart besaitete Partnerin, der nach der Vergärung zu einem Hauch von Süße abgestumpfte Honig, Szenen einer Ehe zum Besten geben. Dramen der menschlichen Beziehung. Die Macht und die Ohnmacht. Patriarchale Harmonie, die ohne Vorwarnung ins Disharmonische kippen kann.

Dass Wiens Haubenrestaurants mit die ersten waren, die das Honig Lavendel Weizen auf die Karte setzten, zeugt von exorbitant hohen Ansprüchen, die Martin Wohlkönig an den Gaumen stellt. Damit er nicht zu weit abhebt, bietet er auf seiner Website jedem die Möglichkeit, über seine nächste Rezeptur mitzubestimmen. Und über die sozialen Projekte, an die er einen Teil seiner Einnahmen weiterreicht. Sein persönliches Erweckungserlebnis, getrunken in San Diego: ein Erdnussbutterbier. Ein bodenständiges Seidl ist nicht zu erwarten.

**Adresse** Zaungast, Fasangasse 7/28, 1030 Wien, Tel. 0650/5266314, www.zaungast.beer | **Bierprofil** Honig Lavendel Weizen, Amber Lager, wechselnde Kreativbiere | **Öffnungszeiten** Ausschankorte siehe Website | **Tipp** Die Wiener Burger-Bar Mama Kraft (Schellinggasse 5, Eingang Himmelpfortgasse) braut einen Teil ihrer Biere selbst: ein Helles, ein Rotbier und ein belgisches Wit.

## 14 Altbayrisch Dunkel
*Als man im Mostviertel ein Passauer war*

Legale 16 Jahre alt sei er bereits gewesen, als er entdeckt habe, dass nicht der Most und auch nicht der Wein sein Getränk ist, gestand jener Überzeugungstäter, der den immerhin 24.000 Einwohnern Amstettens 2017 den Stolz zurückgegeben hat, sich wieder ein vor Ort produziertes Bier ins Krügerl schenken zu können. Mit einem dicken Augenzwinkern. Wer sich heutzutage mit den Medien gut stellen will, ist gut beraten, wenn er die Basisdaten seines Lebens mit dem Jugendschutz abgleicht.

Drei Jahre, bevor Joachim Schnabel seine Mikrobrauerei s'Edla eröffnete, hatte er einen Braukurs geschenkt bekommen. 2014 war das. Exakt 99 Jahre nachdem die Brauerei Wieselburg Amstettens bis ins 17. Jahrhundert zurückreichendes Altes Brauhaus aufgekauft und abgewickelt hatte. Der gelernte Krankenpfleger gab sich Zeit, experimentierte in der Küche, schließlich mit einer echten Brauanlage und lernte, seine Lust auf gewagte Kreationen im Zaum zu halten. In Orten wie Amstetten wird ein mit Kiefernzapfen gewürztes Bier nun einmal nie in aller Munde sein.

Schnabel empfiehlt, sich seiner Mission, mehr Vielfalt zu wagen, über eine Sorte anzunähern, die an Amstettens goldene Ära als Wegstation an einer der großen Fernhandelsstraßen erinnert. In diesen Jahrhunderten arbeiteten die Brauer mit einem dunkel gerösteten Malz. Es verlieh dem Bier ein nachtschwarzes Aussehen und ein extrem vielschichtiges, komplexes Aromenprofil. Im Mittelalter gehörte ein Teil Amstettens zum bayerischen Bistum Passau, ein anderer zum Bistum Freising. Daher übernahm Schnabel für seine Neuinterpretation die Typenbezeichnung Altbayrisch Dunkel, die westlich von Salzach und Inn üblich ist. Ein Meisterstück, das schmeckt, als würde man zeitgleich auf einer röschen Brotkruste kauen und eine Dörrzwetschge im Mundraum hin und her jonglieren. Wohlgemerkt: Während man an einem kräftigen, gut gezuckerten Espresso nippt.

**Adresse** s'Edla Craft Bier, Agathastraße 2–4, Halle 18, 3300 Amstetten, Tel. 0650/9227372, www.edla-craft.at | **Bierprofil** Altbayrisch Dunkel, Märzen, Wiener Lager, Porter, Amstetter Stadtluft | **Öffnungszeiten** unregelmäßig Freitag ab 15 Uhr | **Tipp** Im 20 Kilometer westlich von Amstetten gelegenen Haag lohnt sich ein Besuch des weit außerhalb an der Autobahn gelegenen Hofs Schwarzharold und seiner Mikrobrauerei Braugut.

# 15 Waikiki Pineapple Wheat
*Mit Hühnchen Sezuan-Style verheiratet*

Man sollte sich um Österreichs Küche keine Sorgen machen, nur weil speziell die Jungen ganz klar zum Fremdgehen neigen. War es nicht schon immer so, dass die Immigranten ihre Esskultur mitbrachten? Und dass ihre Lokale deshalb auf immenses Interesse stießen? Asien ist im 21. Jahrhundert an der Reihe. Eine Region, die als Speisebegleiter leider nur Tee oder pappsüße Softdrinks zu kennen scheint. Seit gut einem Jahrzehnt verspricht die globale Craft Beer-Community deshalb, ein Bier auszutüfteln, das mit übermäßig scharfen, ja vor Chili nur so strotzenden Gerichten optimal harmoniert.

Obwohl der Vorschlag, den Peter Ferak, Mindmaster einer Gipsy-Brauerei aus dem Wienerwald, ins Feld warf, rundum überzeugt, haftet auch seinem Waikiki Pineapple Wheat der Ehrentitel eines Geheimtipps an. Der Grund liegt auf der Hand, sobald man den Namen des mit 4,8 Prozent recht leichten Trunks in seine Einzelteile zerlegt. Waikiki verweist auf die flippige US-Independent-Brauerszene als Inspirationsquelle. Das englische Pineapple benennt jene Zutat, die es dem Kellner nahezu unmöglich macht, dem Gast zumindest einen Probierschluck einzuflößen. Die Ananas wird püriert und mit dem Jungbier vermischt, worauf eine zweite Vergärung einsetzt. Das Wheat klassifiziert den Trunk als obergäriges Weizenbier. In Belgien haben Fruchtbiere eine lange Tradition. Allerdings nur mit Kirschen.

Leicht zu bekommen ist Feraks hawaiianischer Kompagnon zum Hühnchen Sezuan-Style nur im Internet. Wer in der Hoffnung, einen Blick auf die Brauanlage zu erhaschen, in den Wienerwald fährt, dürfte enttäuscht sein. Es gibt keine. Man nutzt das Equipment befreundeter Kollegen. Peter Ferak liebt es, für seine Biere Medaillen einzusammeln. Nicht aber das Rampenlicht. Die in 6 Beers Brewing enthaltene Zahl verweist auf die Größe der Familie, die dem Braufieber erlegen ist. Mehr muss die Öffentlichkeit nicht wissen.

**Adresse** 6 Beers Brewing, Margaritenweg 23, 2384 Breitenfurt im Wienerwald, Tel. 0677/62416866, www.6beers.at | **Bierprofil** Waikiki Pineapple Wheat (Ananas-Weizenbier), Lager, American Pale Ale, Brut IPA, dunkles IPA, Imperial IPA, Porter, Barrel Aged Imperial Stout | **Öffnungszeiten** Termine für den Rampenverkauf auf Anfrage | **Tipp** In der Wienerwald-Gemeinde Pottenstein verblüfft die kleine Poidl Bräu mit einem Fruchtbier, bei dem Himbeeren auf der Zutatenliste stehen.

# 16 — Bio-Märzen
*Retter der Bahnreisenden*

Jene zwei Entscheidungen, mit denen der Bankangestellte Roland Nestler seinem Leben 2014 eine neue Richtung gab, weisen darauf hin, dass seine Eltern bei ihm so einiges richtig gemacht haben. Anstatt dem kurz vor der tschechischen Grenze in die Unendlichkeit der Felder drapierten Städtchen Staatz zu entfliehen, übernahm er den Heurigen, den sie dort aufgebaut hatten. Allerdings mit der Ansage, wirklich alles anders zu machen. Hüte flogen durch die Luft. Jubel! Applaus! Denn bis dahin sah es so aus, als würde der nicht wirklich für sein Nachtleben berühmte Außenposten der Zivilisation etliche Prozent an Lebensqualität verlieren. Staatz ist 1.900 Einwohner klein. Fürs Oktoberfest seiner Kurv'n Bräu muss Nestler mittlerweile für 800 Gäste vorbrauen.

»Da, wo Wein getrunken wird, da wird auch Bier getrunken«, fasste Nestler seine Idee in einem Zeitungsinterview zusammen. Er verpasste dem Lokal eine Sudanlage. Dass er ein Händchen fürs Brauen hatte, wusste er, entsprechende Versuche daheim in der Küche hatten dem Freundeskreis enorm gemundet. Sechs Wochen darf sein Märzen reifen, das in Biersommelier-Kreisen auch deshalb als eines der besten des Landes gehandelt wird, weil Nestler einerseits auf Zutaten in Bio-Qualität besteht, andererseits aber darauf verzichtet, es durch Ultrahocherhitzen und Co. haltbar zu machen. Ein Mehraufwand, da deshalb die Kühlkette nicht unterbrochen werden darf.

In Staatz spucken die Züge die Reisenden einen Fußmarsch von gut zwei Kilometer von ihrem Ziel entfernt aus. In einer steilen Kurve direkt am Bahnhof gelegen, nimmt sich der kleine Heurigen der gehörnten Pendler und Ausflügler an. Außerhalb der Öffnungszeiten stellt ein Automat – jugendschutzkomform, ja logisch! – die Versorgung sicher. Man zieht sich ein Fläschchen, packt seine Jause aus, lässt sich auf der Terrasse nieder, zieht sich noch ein zweites – daheim weiß man Bescheid.

Adresse Kurv'n Bräu Nestler, Bahnhof Staatz 1, 2134 Enzersdorf bei Staatz, Tel. 0676/4060080, www.kurvnbraeu.at | Bierprofil Ausgeschenkt werden stets fünf Sorten, die Zusammenstellung wechselt nach Saison – u.a. Märzen, Helles, helles Weizen, Schwarzbier, Sommerbier, Pale Ale, Session India Pale Ale, New England India Pale Ale, Weizenbock, Bock, Fruchtbier | Öffnungszeiten Bierheurigen meist Do und/oder Fr, siehe Website, 24-Stunden-Versorgung via Automat | Tipp Ebenfalls einen 24-Stunden-Notversorgungs-Service via Automat hat die zweite Staatzer Sudstätte für ihre durstigen Mitbürger eingerichtet, die kleine Wiessler Bräu.

## 17 Helles
*Bitte nicht weiter wahrnehmen*

Am Anfang war der Talgrund des Trampelbachs wüst und leer. Oben im Norden des Mühlviertels. Und eine Familie namens Toifl sah, dass das nicht gut war. Da kaufte sich Bruno Toifl einen Bagger und sprach: Es werde ein Wirtshaus, ein Fisch- und Badeteich, ein Dorf aus Hütten und Vergnügungsstätten draußen in der freien Natur – und weil ich ein Asterix-Fan bin, nenne ich es Gallien. Und seine Frau und seine Kinder sahen, dass es gut war, und meinten: Wir sollten unser Bier selbst produzieren. Es wurde Abend und – zum Teufel! – Corona kam. Da sprach sein Sohn Marcel: Lasst mich die Zeit des erzwungenen Stillstands nutzen, um in München zu lernen, wie das mit dem Brauen denn nun geht! ... Themenwechsel.

Jene neue Sorte, mit der die Spaten-Brauerei 1894 von dort aus – München – den Markt flutete, ist zugleich der größte Schelmenstreich der Biergeschichte. Fest davon überzeugt, dass sich der Gaumen der Saupreußen nur mit einer dünnen Plörre erobern ließe, einem hygienischen Wasserersatz, reduzierte sie das Malz und den Hopfen auf die geringstmögliche Menge. Das Helle gelingt nur, wenn der Brauer nicht den geringsten Fehler macht – und das Brauwasser so weich ist, wie es im Mühlviertel von Natur aus dem Hahn fließt. Nur dann ist es derart filigran und anschmiegsam, dass man gar nicht mitbekommt, wie viel man bereits intus hat. Ein Sturztrunk, der bei Tisch nicht stören will.

Von daher ist das Helle immer auch eine Messlatte, was ein Brauer wirklich kann. Weil die Gallier Bräu ihre ungemein elegante Version nur an Personen abzugeben bereit ist, die sich in ihren Weiler, nach Gallien, hinauswagen, dürfte es dennoch ein wenig dauern, bis sie den Nimbus eines Geheimtipps ablegen darf. Ach ja: Und auch die Giesinger Bräu, bei der Marcel Toifl sein Handwerk gelernt hat, ist ein Gallier. Im asterix'schen Sinn. 2006 gegründet, mischt sie seither Münchens Industriebrauereien auf.

**Adresse** Gallien Bräu in der Erlebniswelt Gallien, Gallien 1, 3753 Pernegg, Tel. 0664/5303441, www.gallien.at | **Bierprofil** Helles, Märzen, Dunkles, Weizen, Red Ale, Bock | **Öffnungszeiten** Gasthaus und Rampenverkauf Ostern – 30. Juni Do – So ab 8 Uhr, Juli, August täglich ab 8 Uhr, Sept., Okt. Do – So ab 8 Uhr, Nov. und Dez. Sa/So ab 8 Uhr | **Tipp** Kurz vor der Grenze zu Tschechien, im Dörfchen Zettenreith, das zu Japons gehört, befeuert Günther Dangl den Sudkessel seiner Dangl Privatbrauerei noch von Hand und mit Holz.

# 18\_Dirndlbier
*Most plus Bier ist Österreich*

Vormittags gehört die Aussichtsterrasse von Bruckners Bierwelt den Radfahrern, die sich in den Ybbstaler Alpen von Gaming aus zu der noch jungen, aber längst legendären Raststation hinaufgekämpft haben. Auf die 300 Höhenmeter, die hinter ihnen liegen, werden bis zum Ende der als schwer klassifizierten Tour weitere 2.100 hinzukommen. Jetzt schon bettelt der Körper um etwas Isotonisches. Ein Helles. Vom Glas in den Mund umfüllen. Boah, tut das gut!

Die Terrasse ist der Hotspot eines Biererlebniszentrums mit Mikrobrauerei, die Kennern ein wohliges Schaudern über den Rücken treibt. So viel zu entdecken! Peter Bruckner hat sie 2012 an einer Stelle errichtet, die vom ersten Eindruck her zwar für eine Nebenerwerb-Jausestation geeignet sein mag, nicht aber, um dem fernen Wien zu demonstrieren, was genau ein Genusstempel alles bieten kann. Obendrein: Seinen Strom produziert er selbst. Das Brauwasser sprudelt aus einer hauseigenen Quelle. Fürs Abwasser gibt es eine Bio-Kläranlage. Da die wirtschaftlich entscheidenden Gäste einen Busfahrer dabei haben, müssen sie sich um ihren Führerschein keine Sorgen machen.

Ganz mit ihrem Körper beschäftigt, übersehen die meisten Radfahrer das Aushängeschild der höchstgelegenen Braustätte Niederösterreichs. September. Die Kornelkirsche ist reif. Peter Bruckner ordert etliche Kilo. Er kocht eine Würze, vermengt sie mit dem Obst. Wie alle seine Fruchtkompositionen, vergärt er auch sein Dirndlbier mit derselben Hefe, die er für seine Märzen verwendet. Er will ja kein säuerliches Kriek nachahmen, das in Belgien eine lange Tradition besitzt. Ob mit jener Kirsche, die im Dialekt Dirndl heißt, mit Mirabelle oder Quitte: Dahinter steckt die Gleichung Most plus Bier ist gleich typisch Österreich. Schmeckt? Probieren! Nicht wenige Radfahrer, die zuerst nur vorsichtig nippten, sind dann über Nacht auf der Terrasse sitzen geblieben.

**Adresse** Erzbräu mit Bruckners Bierwelt, Grubberg 4a, 3292 Gaming, Tel. 07485/98599, www.erzbräu.at | **Bierprofil** Dirndl (Kornelkirschenbier), weitere Fruchtbiere, Helles, Bernstein, Dunkles, Dinkel-Weizen, Pils, Pale Ale, Imperial Ale, Single Malt Ale, zahlreiche wechselnde Sondersude | **Öffnungszeiten** täglich 10–18 Uhr, Brauereiführung Mi–So 11 und 15 Uhr | **Tipp** Bruckners Bierwelt hat einen eigenen Wanderweg, den Erzbräu-Weg. Er führt von der Mikrobrauerei über die Kartause Gaming (siehe nächste Doppelseite) nach Gaming und über die Berge zum Ausgangspunkt zurück. Nur für Geübte! Länge: 21 Kilometer (= fünf Stunden Gehzeit).

# 19 Alter Kartäuser
*Elixier der vereinsamten Mönche*

Scheibbs – historisches Scharnier zwischen der Donau und jenem Eck, in dem das Mostviertel alpinen Charakter zeigt. Motorradfahrer schätzen die Straße, die sich zu den Erzbergen der Steiermark hinauf arbeitet. Wegen der Gemütlichkeit. Serpentinenkarussell, nein danke! Man will sich doch an der Landschaft berauschen können. Umso mehr dürften sich nicht wenige Biker ärgern, wenn sie hier lesen müssen, dass sie stets an einer kleinen, exquisiten Brauerei vorbeigerauscht sind.

Gebaut wurde die Straße ins abgelegene, heute immerhin fast 3.000 Einwohner zählende Gaming und von dort weiter nach Lunz anno 1490, um Erz ins Mostviertel hinunterzuschaffen. Der Job, die Gegend auf diese erste zivilisatorische Erschließung vorzubereiten, war Mönchen überantwortet worden. Beziehungsweise ihren Angestellten, den Laien, denn das Kloster, das Albrecht II. von Österreich 1330 in Gaming gründete, gehörte zum Kartäuser-Orden. Die 24 Brüder, die die gigantische Anlage aufnehmen konnte, lebten als Einsiedler – jeder für sich in einer Art Reihenhaus mit Garten, dessen Gemüse ihm als Nahrung genügen musste. Halb verhungert. Wahnsinnig vor Einsamkeit.

Wer von der Existenz der Gasthausbrauerei weiß, hat ihre im Labyrinth der Klosterhöfe versteckten Zapfhähne noch lange nicht gefunden. Das Hotel, zu dem sie gehört, muss schließlich auch auf anderes hinweisen: das Restaurant, die Seminarlocations und Events. Wer aber dann das Märzen gekostet hat, wird die kleine Sudstätte nie mehr vergessen. Unbedingt probieren: die Reminiszenz an den legendären Durst der frommen Bewohner von anno dazumal, das Alter Kartäuser. Seine unorthodoxe Süße, die an Traubenzucker denken lässt, weist das Dunkle als Angehörigen einer Sorte aus, die eigentlich nur noch am deutschen Niederrhein gepflegt wird, dem Alt. Genial, dass auch der optimale Begleiter – Schalenwild – so gut wie immer auf der Karte steht.

**Adresse** Gaminger Kartäuserbräu der Kartause Gaming, Kartause 1, 3292 Gaming, Tel. 07485/98466, www.kartause-gaming.at | **Bierprofil** Alter Kartäuser (Alt), Märzen, Helles, Dunkles, Weizen, Stout, Honig-Ale, saisonale Sondersude | **Öffnungszeiten** Restaurant Kartausenkeller mit Flaschenverkauf, Mo–Sa 7–22 Uhr, So/Feiertag 7–17 Uhr, Führung durch das historische Kloster Anfang Juni–Ende Sept. Mo–Fr und So 11 und 15 Uhr | **Tipp** Zwischen der Kartause und dem Ortskern von Gaming, im Kartausenpark, startet der GeBIERgsweg, ein wahlweise drei oder sechs Kilometer langer Wanderpfad, der an 18 Stationen viel Bierwissen vermittelt.

## 20  Helles
*Männerbastion ade*

30 kurvenreiche Kilometer geht es in eine Landschaft hinein, die mit herzlichen Einladungen gespickt ist, den Füßen mal wieder eine erholsame Wanderung und den Augen grandiosen Ausblicke zu gönnen. Auf Sträßchen, die man direkt aufs wellige Bodenrelief geklebt hat. Die Fahrt von St. Pölten zu einer der wenigen Sudstätten des Landes, in denen eine Frau Regie führt, ist ein kleines Abenteuer – und nebenbei bemerkt eine überzeugende Alternative zum Ausflugsklassiker Melk.

Zwei Mal in der Woche hält Nadine Willach in einem Holzhaus Hof, das ihr seit 2013 als Mikrobrauerei, Rampenverkauf, Bräustüberl, Craft-Beer-Bildungszentrum und Fachgeschäft für anderweitige Spezialitäten aus der Region dient. Beinahe hätte ein Feuerteufel den Plan vereitelt, den die pharmazeutisch-technische Assistentin und ihr Mann Friedrich 2009 auf einer Englandreise festzurrten. Sie bleibt zu Hause, so die Idee. Sie kocht. Halt im großen Stil und anstatt am Herd mit einem Sudkessel. Kümmert sich um die zwei Kinder. Während er früh morgens das Haus verlässt. Bier ausfährt. Auf Wochenmärkten verkauft. Irgendwem war das entweder zu konservativ. Oder zu fortschrittlich. Brandstiftung. 2012 ging Holzhaus Nr. 1 in Flammen auf.

30 Sorten hat Nadine Willach seither ausgetüftelt. Eine leckerer als die andere. Und mit ihrem Hellen Münchner Art sogar den aktuellen Trend zum weniger dick auftragenden, zarter gebauten, süffigeren Bruder des Märzens vorweggenommen. Bereits ein Jahr nach der Eröffnung: die ersten beiden von mittlerweile weit über einer Handvoll Staatspreisen.

Im bayerischen Voralpenland, wo sie aufwuchs und wo noch vor wenigen Jahrzehnten kleine Dorfbrauereien die Genusskultur prägten, mischen Frauen übrigens schon seit Generationen die Bierwelt auf. Zu oft starben die Söhne in einem der Weltkriege. Dann ging das nicht immer leichte Erbe, den Betrieb fortzuführen, an eine der Töchter.

*Adresse* Geroldinger Brauhaus, Graf Geroldstraße 43, 3392 Gerolding, Tel. 0664/3408592, www.geroldinger-brauhaus.at | *Bierprofil* Helles, Amber, Wiener Lager, monatlich mindestens einer von rund 30 Spezialsuden | *Öffnungszeiten* Rampenverkauf und Hofladen mit Probierausschank Di 16–19 Uhr, Fr 14–19 Uhr. Stand auf dem Wochenmarkt in Melk (Rathausplatz) Mi 7.30–12 Uhr, auf dem Wochenmarkt in St. Pölten (Domplatz) Do und Sa 7–12.30 Uhr | *Tipp* 2014 eröffnete im Bahnhofsgebäude des südöstlich von St. Pölten gelegenen Ober-Grafendorf eine Mikrobrauerei, die ihr Stüberl leider nur auf Anfrage für Gruppen öffnet. Ihr Name? Natürlich: Bahnhofsbräu!

## 21 Berry White
*Den Bauernstand updaten*

Sie waren der Stolz eines Standes, ohne den die Städter keine dicken Bäuche hätten ansetzen können. Gemütlich und geräumig, schön und funktional in einem. Jetzt aber stehen sie im Weg herum. Was tun mit all den Höfen in einer Zeit, in der monströse Traktoren dem händischen Herumwurschteln auf Feld und Flur und überhaupt der Bauernkultur ihre Existenzberechtigung entzogen haben? Für jenen Vierkanthof, auf dem eine lange Reihe seiner Ahnen den Herrgott um eine gute Ernte baten, fanden Michael Datzberger und drei seiner Freunde eine berauschend gute Lösung.

Wenn man schon Getreide anbaut, kann man auch ein deftiges Bauernbrot backen und ab Hof verkaufen: als Idee ganz okay! Einen Teil der Ernte zu Bier veredeln und zusätzlich einen seiner Äcker mit Hopfen bepflanzen: viel besser! Die Sache so gut machen, dass Food-Hunter und Genusssüchtler Hunderte von Kilometern auf sich nehmen, um sich den Kofferraum bis zum Rand voll zu packen: perfekt!

Die im Hinterland von Amstetten versteckte Mikrobrauerei Bierkanter war noch gar nicht offiziell gegründet, als Michael Datzberger und seine Crew bei der Austrian Beer Challenge 2017 den Titel des Staatsmeisters ins 350-Seelen-Dörfchen Haag holten. Seither bildet das in den Hügeln abgetauchte Örtchen einen Fixpunkt auf Österreichs Bierlandkarte. Weil die regionalen Erzeuger des Mostviertels zusammenhalten müssen, hat der Bierkanter für das Berry White auch Himbeeren auf die Zutatenliste gesetzt. Ein Experiment, das übrigens verwegener klingt, als es ist. Fruchtbiere haben in Belgien eine lange Tradition. Gebraut werden kann das Weizen nur im Sommer. Dann, wenn die Früchte reif sind. Wie viele das Quartett mit in den Gärbottich gibt, ist sein Geheimnis. Nicht aber, dass der sinnliche Geschmack der rosa Bollen ins Jungbier und von dort in die Flasche übergeht. Gibt es seit 2022 auch in der Variante Erdbeere. Mal ganz etwas anderes.

**Adresse** Bierkanter, Haag 2, 3300 Winklarn, Tel. 0664/1831717, www.bierkanter.at | **Bierprofil** Himbeerweizen, Erdbeerweizen, Helles, Wiener Lager, diverse Ales und India Pale Ales, Honigbier, Stout und weitere, vorwiegend saisonal wechselnde Gourmetsorten | **Öffnungszeiten** Hofladen mit Bierverkauf Do/Fr 9–17 Uhr, Sa 9–13 Uhr | **Tipp** Wer das Glück hat, in Wien zu wohnen, kann sich auch dort mit den Kreationen der Brauerei Bierkanter vertraut machen. Der Club GRU hat immer ein paar Flaschen im Kühlschrank stehen (www.dasgru.at).

## 22 Red David
*Handarbeit statt Goliath*

Die USA in den 1990er Jahren. Wenige Großbrauereien, denen gegenüber die gesammelten Marken der Brau Union plus Ottakringer plus Stiegl wie eine Zwergenparade wirken, beherrschen den Markt. Dadurch fällt es leicht, eine Trennlinie zu den aus der Hobbybrauerszene hervorgegangenen, noch durchwegs kleinen Jungen Wilden ziehen. Der Begriff Craft Beer ist geboren. Dann das Unglück: Die deutschsprachigen Biernerds übernehmen ihn eins zu eins. Egal, ob die Definition eines Kampfs David gegen Goliath für Österreich passt oder nicht.

Franz Birgl betreibt in Inning, einem elf Kilometer südöstlich des Touristenhotspots Melk gelegenen 180-Seelen-Dorf, eine Mikrobrauerei, die sich auf obergärige Ales US-amerikanischen Typs fokussiert hat. Ausgeschenkt werden sein Red David, ein fulminantes, nach einer Blumenwiese duftendes, feinperliges Red Ale, das ihm 2023 bei der Austrian Beer Challenge einmal mehr Gold eingebracht hat, nur ein paar Häuser von ihrem Entstehungsort entfernt. Sein Bruder Anton ist sein Hauptabnehmer. Er hat das elterliche Gasthaus übernommen, dessen schnörkellos bodenständige Landküche Scharen von Einheimischen und Ausflüglern anlockt. Der Kontrast aus einer rustikalen Mostviertler Bauernstube und einer Tafel könnte nicht größer sein, auf der mit Kreide die Sorten angeschrieben sind, die allesamt einer fremden, noch vor einem Jahrzehnt unbekannten oder als untrinkbar verschrienen Bierkultur entlehnt sind. Vor allem wenn Wild auf der Karte steht, sollte man auch das herrlich cremige, ja leicht ölige Dinkelbier unbedingt probiert haben. Seine Vollmundigkeit sucht seinesgleichen.

Im Keller seines Hauses, in dem Franz Birgel seine Biere braut, gibt es keinen Computer. Bewusst. Gern verweist er darauf, dass Craft übersetzt: »handwerklich hergestellt«, bedeutet. Mit den eigenen Händen. Mit Erfahrung, Gefühl und Können. Eine Definition, die für Österreich passt.

**Adresse** Birgl-Bräu, Gartenberg 7, 3383 Inning, www.birglbräu.at Gasthof Birgl, Inning 34, 3383 Inning, Tel. 02754/6141, www.birgl.at | **Bierprofil** Red Ale, Dinkelbier, India Pale Ale, Alt, helles Weizen, Stout, Porter, Pale Ale | **Öffnungszeiten** Gasthof Birgl (mit Flaschenverkauf) täglich außer Di ab 8 Uhr | **Tipp** Ein paar Dörfer weiter, in St. Margarethen an der Sierning, wurde das alte Dorfkühlhaus in ein Selbstbedienungs-Paradies für regionale Spezialitäten umgebaut. Stets mit im Regal: die Biere der Birgl-Bräu, www.mei-kuehlhaus.at.

# 23 Altbier
*Der Überlebende vom deutschen Rhein*

Internationale Bierstile in seine Heimat zu holen, die bäuerliche Ausflugsregion der Buckligen Welt südlich von Wien, und ihnen dort regionale Wurzeln zu geben, mit dieser Idee hat der Brauer und Biersommelier Gerald Schwarz einen Nerv getroffen. Freilich auch deshalb, weil die flüssigen Immigranten, die er seiner 2021 von drei auf zehn Hektoliter erweiterten Sudanlage abringt, eindeutig zur Kategorie der Brillanten, der ganz großen Schätze zählen. Und zu guter Letzt, weil er bei seinen legendären Bierseminaren, aber auch beim gemeinsamen Verkosten und Verkaufsgespräch nicht müde wird zu erklären, wie der für den österreichischen Gaumen recht spezielle Geschmack zustande kommt und mit welchen historischen Hintergründen man vertraut sein sollte.

Zum Beispiel das Altbier. Die Version der Schwarz Bräu gilt als die gelungenste österreichische Interpretation dieses streng süßlichen Überlebenden der mittelalterlichen Bierkultur. Im großen Stil getrunken wird das Bernsteindunkle nur in Düsseldorf, am deutschen Niederrhein in Nordrhein-Westfalen. Das flache Bodenprofil erschwerte es dort den Brauern, Keller anzulegen, in denen sich die für ein untergäriges Bier erforderlichen vier bis acht Grad Celsius halten ließen. Zehn Grad, mehr war nicht drin. Das Alt wird obergärig vergoren – bei dieser für diesen Hefetyp bereits grenzwertig tiefen Temperatur. Warum es nicht von den neuen, hellen untergärigen Lagerbieren – Märzen, Pils und das heute übliche Dunkle – verdrängt wurde, als in den 1880er Jahren die Kältemaschine aufkam? Die Kapazitäten reichten bei weitem nicht aus, um den Durst der explosionsartig wachsenden Bevölkerung zu stillen.

Acht Stunden nimmt sich Gerald Schwarz bei seinen Bierseminaren Zeit. Dass sie ausreichen, um alle seine Schätze zu verkosten, ist unwahrscheinlich. Gut 30 Sorten hat er ausgetüftelt – vom Leichtbier bis zum Strong Ale mit 9,8 Prozent. Eine Bierreise um die Welt.

**Adresse** Schwarz Bräu, Bundesstraße 100, 2851 Krumbach, Tel. 0660/8712288, www.schwarzbraeu.at | **Bierprofil** Alt, Pale Ale, Weizen, Stout, Strong Ale – insgesamt über 30 vorwiegend von den Bierkulturen anderer Länder inspirierte Sorten | **Öffnungszeiten** Rampenverkauf Mo – Do 9 – 12 Uhr und 13 – 16 Uhr, Fr 9 – 12 Uhr und 13 – 18 Uhr, Sa 10 – 16 Uhr, Ausschank Fr 14 – 18 Uhr, Sa 10 – 16 Uhr, Bierseminare siehe Website | **Tipp** Gerald Schwarz veranstaltet seine Bierseminare bevorzugt im sehenswerten Museumsdorf von Krumbach, einer Schausammlung historischer Bauernhäuser.

## 24 Märzen

*Ein vollendeter Galan*

Wer die Genialität dieses preisgekrönten Märzens in vollen Zügen erleben will, sollte die Strapaze auf sich nehmen, in seinen Geburtsort zu fahren. Eine Aufforderung, die nicht wenigen Städtern Angst machen dürfte. Der Lohn für das Risiko, sich durch einen Ozean aus Landschaft bis ganz nach oben ins Weinviertel vorzuwagen: »Oha, ja krass, wow!« Ein bleibendes kulinarisches Schlüsselerlebnis!

So geht's: Man steuert das kleine, an die Grenze zur Tschechei geklebte Städtchen Laa an der Thaya an – und dort zunächst das Gebäudepuzzle der Hubertus Brauerei, die sich ab Mitte des 19. Jahrhunderts vor den Toren der Stadt immer mehr breit machte. Denkmalgeschützt. Dort gepflegt. Hier vom Verfall angenagt. Eine Augenweide. Aus einem Kommunbrauhaus hervorgegangen, das Bürgermeister Anton Kühtreiber 1847 durch seinen Kauf davor rettete, in auswärtige Hände zu geraten. In sechster Generation von seinen Nachfahren betrieben.

Wien mag für Österreichs archaisch-ordinäre Form des Street Foods, die Würstelstände, weltberühmt sein. Wie es an einem solchen zugehen und vor allem schmecken muss, lässt sich bekanntermaßen aber nur noch in der Provinz nachvollziehen. Zweite Station: die City. Der an jener Ringstraße, die Stadtplatz heißt, platzierte Würstelstand von Laa (= nicht auf der Freifläche selbst) ruft in Erinnerung, weshalb die Drehkreuze des schnellen Genusses als nationales Kulturerbe anerkannt gehören.

Ein gutes Märzen sucht stets die Kooperation. Beim Karteln will es nicht weiter stören, als Speisebegleiter mit den Feststoffen zusammenarbeiten. Wie es mit der Königin der Selchwürste harmonisiert, ist ein heimlicher Gradmesser für seine Güte. Selten: eine Burenwurst von dieser Klasse. Noch seltener: die Selbstverständlichkeit, mit der es dieses Märzen versteht, das dicke Tschapperl an seiner nicht minder bauchigen Hopfenaromatik vorbei in Richtung Magen ziehen zu lassen.

Adresse Hubertus Bräu, Hubertusgasse 1, 2136 Laa an der Thaya, Tel. 02522/22460, www.hubertus.at; Würstelstand auf Höhe des Hauses Ringstraße 62, 2136 Laa an der Thaya | Bierprofil Märzen, zwei Pils, zwei Dunkle, Lager, Leichtbier, Festbier, Festbock | Öffnungszeiten Rampenverkauf Mo–Do 7.30–11.30 Uhr und 12.30–15.30 Uhr, Fr 7.30–11.30 Uhr und 12.30–15.15 Uhr. Würstelstand Mo–Fr 8.30–12.30 Uhr und 13.30–18 Uhr, Sa 8.30–12 Uhr | Tipp Entweder-oder: Das Biermuseum von Laa an der Thaya (in der Burg) hat leider nur in der warmen Jahreshälfte und vor allem nur am Samstag und Sonntagnachmittag geöffnet – wenn die Würstelbude geschlossen bleibt.

## 25 Hildegonde
*Weltkulturerbe mit Beeren*

Nicht wenige werden sich schwertun, jene Getränke als Mitglieder der Großfamilie der Biere zu identifizieren, die ein 2012 im Osten von Niederösterreich hängengebliebener Belgier im kleinen Stil produziert. Denn für den Laien verwandeln sie sich in der Regel erst dann in Erweckungserlebnisse, wenn Jan Van Laere die meist aufwendige Entstehung und die teils doch recht speziellen Anlässe erläutert, zu denen sie in seiner Heimat getrunken werden.

Als Einstieg in den Kosmos seiner Gallier Bräu empfiehlt sich jene Kreation, mit der Jan Van Laere seinem langjährigen Hobby 2017 ein Upgrade zu einer gewerblichen Spezialitätenmanufaktur gegönnt hat. Hildegonde heißt der als Aperitif gedachte Fremdling. Macht sich Jan Van Laere daran, eine neue Charge herzustellen, sieht es am Anfang noch ganz danach aus, als würde er ein harmloses Wit, ein konventionelles, wenngleich typisch belgisches und daher mit einem anderen Hefestamm vergorenes Weizen anstreben. Und dann? Anstatt das Ergebnis in einen Reifetank zu schlauchen, kippt er frische Himbeeren in ein Koelschip, gießt das Jungbier in den in seiner Heimat unverzichtbaren, ungewohnt flach geformten Spezialbottich ... und geht seines Weges! Die Bakterien, die an den Früchten kleben, setzen eine zweite Gärung in Gang. Sie docken an das bereits komplexe Geschmacksprofil eine dritte Dimension an. Die lieblichen Süße, die von der rosa Zutat herrührt, erhält einen säuerlichen Kontrapunkt.

Bei anderen Kreationen geht Jan Van Laere noch deutlich weiter. Bei der Dr. Benji-Serie verzichtet er auf die Zugabe einer Hefe oder anderen Starters. Irgendwann werden die durch die Luft schwirrenden Bakterien eine sogenannte Spontangärung einleiten. Übrigens: Dank des deutlich weiter reichenden Verständnisses der Belgier, wie ein Bier noch schmecken kann, hat die UNESCO die dortige Brautradition – als bisher einzige – zum Weltkulturerbe erhoben.

**Adresse** Gallier Bräu, Alfred-Weber-Straße 9, 2486 Landegg, Tel. 0650/6733378, www.gallier-braeu.at | **Bierprofil** Hildegonde (Himbeer-Weizen), Belge Ale, Wit, Tripel, Dr. Benji-Serie (Flämisches Sauerbier, auch mit Frucht, auch im vorbelegten Fass ausgebaut) und weitere Interpretationen belgischer Bierstile | **Öffnungszeiten** Rampenverkauf und Verkostungen auf Anfrage | **Tipp** Im nahen Wiener Neustadt bietet der Siegl's Pub eine bestechend gute und umfangreiche Bierauswahl – Kreationen der Gallier Bräu inklusive (www.sieglspub.eatbu.com).

# 26 Hopfenkeller
*Friede den Bierschmieden*

Um sie zu impfen, setzen Österreichs Schulen jene Klassenstufe, die sich ausschließlich mit der eigenen Pubertät zu beschäftigen in der Lage sieht, für einen Tag in Schönbrunn aus. Oder noch besser im 20 Kilometer südlich der Hofburg gelegenen Laxenburg. Dessen in einen 280 Hektar großen Park gesetzte Pracht wird jährlich von einer Million Tagestouristen bestaunt. Impfen? Gegen das Virus der k.u.k. Nostalgie und im Speziellen der Bewunderung für Sisi. Sie finden es einfach nur zum Speien öde. Und das ist gut so! Denn sie sind jetzt immun.

Als Alexander Knez 2016 beschloss, mit seinem Hobby an die Öffentlichkeit zu gehen, dürfte ihm bewusst gewesen sein, welche Gefahren in Laxenburg auf ihn lauern. Zuallererst die, am Ende doch einen Tap-Room in ein Nebengebäude der Kaiserresidenzen einzupassen. Noch verheerender: Souvenirkartons mit Bieren, die Maria Theresia und Franz Josef heißen.

Zwar mag Gipsybrauer Knez, der sich für jede Rezeptur mit einem anderen Kleinsudhaus zusammentut, seine Fläschchen jeden Samstag aus einer ehemaligen Stallung heraus verkaufen. Sein Konzept aber sucht die Weltläufigkeit. Er unterwirft die klassischen Sorten – bevorzugt durch den Einsatz neuer Hopfenzüchtungen – einer Modernisierung. Als Mitglied der Freiwilligen Feuerwehr konnte er 2016 für einen ersten Test auf diesen Kreis ehrbarer Schluckspechte zurückgreifen. Alles vorzeitig weggetrunken! Knez' Hopfenkeller zum Beispiel wird während der Reifung mit Dolden der Sorte Citra veredelt. Diese Idee hatten schon viele. Aber nur selten ist die Dosis so perfekt ausbalanciert, wollen die Zitrus-Aromen mit dem bereits recht hopfigen Grundbier paritätisch harmonieren.

Schade nur, dass der Rampenverkauf an Schulausflugstagen geschlossen ist. Sonst könnten dort zumindest die Lehrer Habsburg adieu sagen und sich an jenem Laxenburg berauschen, das mit den Biermetropolen von heute auf Augenhöhe ist.

**Adresse** Laxenburger Brauhandwerk, Schlossplatz 18, 2361 Laxenburg, www.laxenburger.at |
**Bierprofil** Hopfenkeller (hopfengestopftes Kellerbier), Pale Ale, Laxenburger Sommer (Pils) |
**Öffnungszeiten** Rampenverkauf Sa 10–13 Uhr | **Tipp** In direkter Nähe zum Wiener Schloss Schönbrunn versucht der Brauhof Wien im Fünfhaus, eine Dependance des Hofbräuhaus Kaltenhausen (siehe Bier 72), die Touristenmassen, aber natürlich auch Einheimische mit vor Ort gebrautem Bier für sich zu gewinnen.

## 27 Bruder und Schwester
*Das Kultbier, das man jagen muss*

Wie bei nicht wenigen der noch jungen, kleinen, oft umso feineren, irgendwo in den Weiten der Provinz versteckten Landsudhäusern, beginnt auch die Geschichte dieser Wirtshausbrauerei mit einem gefährlich weit in Richtung Morgen gedehnten Abend. Zumindest in der Vorstellung des Städters, der sich sein liebes Landvolk nun einmal nicht nüchtern vorstellen kann. Speziell dann, wenn ihn der legendäre Ruf zu einem der letzten echten Abenteuer verführt hat. Es gilt, sich im Mostviertel über schmale, kurvig geteerte Bahnen bis ans nordöstliche Ende des Ostrongs vorzukämpfen.

An jenem Abend ist Paul Haselböck 30 Jahre alt, hat im 330 Einwohner kleinen Münichreith erst vor kurzem mit seiner Frau den Gasthof seiner Eltern übernommen. Er ist zu jung, um die neu gewonnene Erkenntnis beiseite zu wischen: Wir haben es! Das perfekte Brauwasser.

Drei Jahre später stellt eine Drei-Hektoliter-Anlage sicher, dass aus den Zapfhähnen nur noch Selbstgebrautes fließt. Einer wird für Aha-Erlebnisse reserviert – Geschmackssensationen, die man sich nicht hatte träumen können. In Münichreith wusste nämlich keiner, dass Bier auch anders schmecken kann.

Weitere vier Jahre später – 2013 – schickt Paul Haselböck einmal mehr zwei seiner Kinder in die Welt hinaus. Zur Austrian Beer Challenge. Obwohl sich nur der nachtschwarze Bruder, ein Stout mit einer traumhaft ausbalancierten Aromenparade aus Kaffee, Kirsche und Edelbitterschokolade eine Medaille anheften darf, die Schwester, ein ebenfalls 8 Prozent starkes India Pale Ale, ungekürt heimkehrt, steigt das Verkehrsaufkommen in Richtung Münichreith spürbar an.

Und heute? Ist es immer noch verdammt schwer, an den Bruder und die Schwester heranzukommen. In dem Moment, in dem ein neuer Sud abgefüllt ist, sind die Fläschchen auch schon wieder weg. Nicht wenige sollen den beiden schon seit 2013 hinterherjagen – und noch keines erwischt haben.

**Adresse** Wirtshausbrauerei Haselböck, Münichreith 3, 3662 Münichreith, Tel. 07413/6119, www.wirtshausbrauerei.at | **Bierprofil** ständig am Hahn: Helles, böhmisches Lager; als Sondersud wechseln sich unter anderem an: Stout, India Pale Ale, Pale Ale, Pils, diverse Böcke, Festbier | **Öffnungszeiten** Braugasthaus Do–Sa 8–21 Uhr, So 8–22 Uhr, Rampenverkauf im Hinterhof zudem Mo–Do 8–12 Uhr und 14–16 Uhr sowie mittels 24-Stunden-Kühlschrank | **Tipp** Im nahen Maria Taferl leistet sich das Restaurant Goldener Löwe einen eigenen Biersommelier, der jedes Jahr mit einer anderen Brauerei ein exklusives Adventbier entwickelt.

## 28 — Wiener Lager
*Klassiker mit Intensität und Tiefe*

Purkersdorf mag wie Schwechat ebenfalls direkt an Österreichs Metropole andocken. Dennoch trennen Welten jene Brauerei, in der Anton Dreher 1841 einen neuen, rasch in halb Europa kopierten, Ende des 19. Jahrhunderts aber wieder nahezu komplett verschwundenen Biertyp, das Wiener Lager, kreierte, von jener Sudstätte, mit der Markus Führer 2015 sein Hobby zum Beruf machte. Einer breiten Öffentlichkeit bekannt wurde seine Gablitzer Privatbrauerei, weil ihr 2016 die Ehre zuteilwurde, das Bier zum Film »Egon Schiele: Tod und Mädchen« zu brauen. Der Künstler ist Führers Großonkel dritten Grades.

Noch nicht so weit herumgesprochen hat sich, dass der studierte Grafiker, der in seinem früheren Leben in der A-Liga der Werbeagenturen spielte, eine idealtypische Interpretation des Wiener Lagers braut. Lange Reifezeiten und der Verzicht, den Trunk zu filtrieren und zu pasteurisieren, verleihen ihm ein entscheidendes Mehr an Intensität und Tiefe.

Ein Dunkles. Kastanienbraun mit kupferrotem Stich. Suchen sich der Duft röscher Brotkruste, gedörrter Zwetschge und von Kaffee den Weg in die Nase? Kleinen Moment. Nein! Stattdessen butteriges, hellteigiges, durchgebackenes Gebäck und ein Hauch von Nuss. Einen Schluck auf die Zunge legen, nach hinten auf die Gaumenwurzel durchreichen, wo die Rezeptoren fürs Bittere sitzen. Schlankes Aromenprofil. Klar umrissen. Dattel. Gefüllt. Mit Nüssen. Eine Süße, die sich an die vom Zahnarzt gesetzten, engen Grenzen hält. Mehr und mehr erdig-grasige Noten. Man ist sie vom Märzen her gewohnt. Nur deutlich weniger dick aufgetragen. Eine anschwellende, aber nie überbordende Bittere. Genau so muss jene Sorte schmecken, die ab 1841 von Schwechat aus das Zeitalter der untergärigen, der Lagerbiere, einläutete, und die das Herz des Habsburger Kaiserreichs vorübergehen zum Weltzentrum des Brauwesens aufsteigen ließ. Bitte noch eines. Einfach toll!

**Adresse** Gablitzer Privatbrauerei, Linzerstraße 61, 3002 Purkersdorf, Tel. 06645/483028, www.gablitzer.at | **Bierprofil** Wiener Lager, Märzen, Pils, Egon Schiele (böhmisches Pils), Zwickl, Stout, Rosenbier (mit Rosenessenz), saisonal: Bockbiere, Festbier, Keltenbier, Leichtbier | **Öffnungszeiten** Rampenverkauf Do und Fr 9–12 Uhr und 14–17 Uhr, Sa 10–12 Uhr | **Tipp** Unbedingt gekostet haben sollte man das Wiener Lager der Gipsy-Brauerei Leopoldauer Brauhandwerk – am besten zu einem würzigen Gulasch.

ST. PÖLTEN, PRIVATBRAUEREI EGGER

# 29_Hopf'n Roll
*Der Sommer soll kommen*

Wie gewohnt, behauptet das Navi großmäulig, den Weg zu der 1978 aus Kufstein ans nördliche Ende von St. Pölten übergesiedelten Nebenbeschäftigung einer Unternehmensgruppe zu kennen, die in 22 Werken Holz zu Spanplatten presst. Es lotst den Wagen an St. Pölten vorbei in den Außenstadtteil Unterradlberg. Werksverkehr kreuzt. Wahre Monster. Mit einem Büschel Baustämme im Maul. Pfützen. Schwellen. Poller. Eine Schikane nach der nächsten stellt sich der Idee in den Weg, dem Außenseiter unter den österreichischen Großsudhäusern einen Besuch abzustatten. Ein Checkpoint. Ein Zaun. Dahinter ein quadratisch-praktischer Gebäudekubus. Mit Logo. Irrtum also ausgeschlossen. Hier soll eines der beliebtesten und besten Märzen Österreichs entstehen?

Ortswechsel. Wien, Graz, Dornbirn – egal. Die Sonne feuert aus vollen Rohren, die Menschen retten sich ins Freibad. Glücklich ist, wer sich jetzt ein Bier an die Lippen führen kann, das der Hitze ihren Schrecken nimmt. Noch mehr als bei seinem Märzen, beweist die Privatbrauerei Egger bei der Sorte Hopf'n Roll, dass man sich trotz der anonymen Fassade keineswegs davor drücken will, sich auch mal eine Mehrarbeit aufzuhalsen. Der Sommertrunk wird kaltgehopft. Bei dieser zusätzlichen Gabe, die erst nach der Vergärung erfolgt, lösen sich ätherischen Öle, aber keine Bitterstoffe. Daher also diese Leichtfüßigkeit und ein Geschmacksprofil nahe am Radler.

Wer will es der Entscheidung des 1982 verstorbenen Unternehmers Fritz Egger verdenken, gleich mehrere Grundregeln des Braugewerbes außer Kraft gesetzt zu haben, als er seinem dritten, 1970 in St. Pölten eröffneten Spanplattenwerk die Brauerei hinzufügte. Zum Beispiel, eben nicht durch Brauereiführungen eine persönliche Nähe zum Durstigen aufzubauen. Oder, eben nicht hauptsächlich für andere lohnzubrauen. Auf seine Art gibt ihm ein Jahresausstoß von einer Million Hektolitern recht.

**Adresse** Privatbrauerei Egger, Tiroler Straße 18, 3105 St. Pölten, Tel. 02742/3920, www.egger-bier.at | **Bierprofil** Hopf'n Roll, Märzen, Zwickl | **Öffnungszeiten** kein Rampenverkauf, keine Möglichkeit zur Besichtigung | **Tipp** Die St.Pöltner Sudstätte firmiert offiziell als Brauerei Fritz Egger – auch, um sie von der Schweizer Brauerei Egger abzugrenzen.

# 30 Marillen Sour
*The UFO has landed*

Sommer. Sonntag. Ausflugswetter. Hunderte Wiener gleiten über Tulln in den Rebenozean des Kamptals hinein. Ziel ist Schiltern, ein 620 Einwohner kleiner Weinbauort – berühmt für die Arche Noah, einen Schlossgarten, in dem 6.500 ausrangierte Obst-, Gemüse- und Getreidesorten ein Gnadenbrot gefunden haben. Auch hat man gehört, dass 2017 am anderen Ende des Marktflecks ein UFO gelandet sei. Seither kreieren Michael Schneider, seine Frau Ingrid und Sohn Felix in Schilterns zweiter Attraktion, einer Fabrikhalle-großen, futuristischen Schachtel, Biere, die mehr als gut sind. Sie sind Gourmet-kompatibel. Und bisweilen sehr originell.

Seit Stunden lächelt die Sonne. Es ist viel zu heiß, um nach der Sortenarche durch einen Weinberg zu schlendern. Der perfekte Moment, um sich die Faltschachtel von innen anzusehen. Im vorderen Teil schenken die Schneiders in einem stylischen Brew-Pub aus, was sie hinten brauen. Zum Beispiel das Marillen Sour, eine der verwegensten Bierkreationen, mit denen Österreich überhaupt aufwarten kann. Erster Eindruck: »Da krieg i an Hois!« Denn es schmeckt, wie es heißt. Noch ist es halt nur in den USA ganz normal, dass ein Bier den pH-Wert von Champagner haben darf.

Bei einem Kettle Sour, so der Name dieses megaspritzigen Biertyps, wird das durchgekochte Malz vor dem Abläutern mit Milchsäurekulturen geimpft. Über Nacht passiert dasselbe, was aus Kohl Sauerkraut macht und Milch in Joghurt verwandelt. Der pH-Wert kippt. Wie die Molkereien greift auch die Brauerei Brauschneider zu Früchten, um einen süßen Kontrapunkt zu setzen. Warum sich Familie Schneider für Marillen entschied, erklärt sich bei einem Blick in die Obstgärten Schilterns von selbst. Fehlen noch regionaler Hafer und Johannisbeermark zur Abrundung.

Wem es an Mut fehlt: Gern verlängert das Team des Brew-Pubs das Marillen Sour zu einem Cocktail. Als Einstiegsdroge. Für Angsthasen.

**Adresse** Brauschneider, Laabergstraße 5, 3553 Schiltern, Tel. 02734/32917, www.brauschneider.at, Schaugarten der Arche Noah, www.arche-noah.at | **Bierprofil** Marillen Sour, Helles, Pils, Zwickl, Weißbier, Hanfbier, Pale Ale, India Pale Ale, dunkles Ale, Emmerbier, Porter, Honig-Ale | **Öffnungszeiten** Brew-Pub Mi – Sa 11 – 19 Uhr, So/Feiertag 11 – 18 Uhr; Rampenverkauf zudem Mo und Di 10 – 16 Uhr | **Tipp** Im nahen, bildhübschen Winzerstädtchen Langenlois gibt es eine Gasthausbrauerei, den Fiakerwirt (www.fiakerwirt.at).

# 31 Bio Roggenbier
*Die Renaissance der Regionalität*

Ganz oben im Nordwesten des Waldviertels gelegen, kommt das Industriestädtchen Schrems bestens damit zurecht, dass ganz Österreich auf ihm herumtrampelt. Ein Ring aus Granitbergwerken, der auf die Ausflügler von heute ähnlich abschreckend wirkt wie die Chinesische Mauer auf die mongolischen Barbaren, schützt seine gut 5.000 Einwohner vor allzu neugierigen Blicken. Nicht aber, ihr Bier mit den Auswärtigen teilen zu müssen.

1991 übernahm Karl Theodor Trojan III. die Leitung der 1410 erstmals nachweisbaren Schremser Brauerei, die sich seine Ahnen 1839 gekauft hatten. Exakt in jenem Jahr also, in dem sich der Konzernverbund der Brau Union bedeutend vergrößern und seine Marktmacht auf ein neues Niveau heben konnte. Bereits vor einer Ewigkeit waren die Straßen Wiens mit Steinen aus Schrems gepflastert worden. Und jetzt? … Schwenkten dort die Bierschlucker auf einen Irrweg ein. Heute nicht mehr nachvollziehbar, schmeckte ihnen nur noch, was der Werbeblock des ORF empfahl.

Nur wer diesen Hintergrund kennt, kann die Strahlkraft des Kraftakts verstehen, mit dem sich die Schremser Brauerei in den folgenden Jahren neu erfand. 1996 staunte das ganze Land über die Grundsätze, die dem neuen Ostarrichi-Pils zugrunde lagen. Trojan hatte mit Bauern aus der traumhaft ursprünglichen Landschaft jenseits der Steinbrüche, die sogar auf Bio umzustellen bereit waren, Langzeit-Verträge geschlossen. Eine Revolution, die die Wertschöpfungskette – vom Acker in die Flasche – aus der Anonymität herausholte. Ihr flüssiges Symbol: ein Trunk, mit dem die Schremser Brauerei den Gaumen in ihre Gründerzeit zurückführte. Bis die Herrscher im 15./16. Jahrhundert ganz Europa mit Brauordnungen überzogen, waren Roggenbiere ganz normal. Die selbstredend obergärig vergorene, daher leicht fruchtige, mild malzige Rekonstruktion aus Schrems: ein Meilenstein des neuen österreichischen Bierbewusstseins.

**Adresse** Bierbrauerei Schrems, Niederschremser Straße 1, 3943 Schrems, Tel. 02853/77275, www.schremser.at | **Bierprofil** Bio Roggenbier, Zwickl, Bio Zwickl, Märzen, Ostarrichi Pils, Helles, Dunkles, Wiener Lager, saisonal: Weihnachtsbock, Osterbock | **Öffnungszeiten** Rampenverkauf Mo – Fr 7 – 12 Uhr und 13 – 16 Uhr, Sa 9 – 11 Uhr | **Tipp** Schrems mag keine Schönheit sein. Das dortige Wirtshaus Zum Waldviertler Sepp aber ist es. Wegen seiner ganz großen Spezialität empfiehlt sich auch im Winter ein Besuch: gebackener Karpfen mit Erdäpfelsalat.

# 32 — Schwechater Wiener Lager
*Das erste seiner Art*

Als Großversorger ist die Schwechater Brauerei dank des Blechweckerls, der Dose, in aller Munde – als Standort von historischer Bedeutung. Von ihren Gärkellern aus trat die heute übliche, untergärige Brauart ihren weltweiten Siegeszug an.

Alles begann damit, dass der Lehrling Anton Dreher 1833 um die Ohren gehauen bekam: »Du wirst nie das Bierbrauen erlernen, Toni, lass es sein!« Im selben Jahr bereiste der Sohn eines früh verstorbenen Brauereibesitzers Großbritannien – mit gefälschten Empfehlungsschreiben und für das Stibitzen von Sudproben präparierten Spazierstöcken ausgestattet. Immer in Gefahr, wegen Industriespionage verhaftet zu werden. An seiner Seite: Gabriel Sedlmayr, Spross der Münchner Spaten Bräu. Im Gegensatz zum Kontinent hatte man auf der Insel die mittelalterliche Brauweise bereits hinter sich gelassen.

Zurück in Schwechat. Statt der bisher üblichen obergärigen Hefe, die bei Zimmertemperatur arbeitet und daher bequem zu handhaben war, vergor Dreher seine Würze nun mit der untergärigen Verwandten. Nachteil: Dazu musste er die Raumtemperatur auf konstant vier bis acht Grad Celsius drücken. Vorteil: Selbst gekühlt war das Obergärige nur wenige Wochen, sein Untergäriges aber ein halbes Jahr und länger haltbar. Und man schmeckte seinem Wiener Lager an, dass man sich mit ihm nicht so leicht den Magen verdarb. 1841 gelang es ihm, direkt neben seiner Brauerei einen Weinkeller anzumieten. Der Durchbruch …

Ungeachtet dieses Meilensteins wird die Schwechater Brauerei immer wieder mit der Ansicht konfrontiert, dass bei 800.000 Hektolitern Jahresproduktion von Braukunst keine Rede sein kann. Ein Vorurteil, das mittels einer Blindverkostung schnell revidiert ist. Allein 2021 schaffte es das Wiener Lager bei allen drei Challenges, an denen es teilnahm – Meiningers Craft Beer Award, Fallstaff Trophy und Österreichische Staatsmeisterschaft –, aufs Siegertreppchen.

**Adresse** Schwechater Brauerei, Brauhausstraße 8, 2320 Schwechat, Tel. 01/70140, www.schwechater.at, Braugasthaus, Mautner Markhof Straße 13, 2320 Schwechat, Tel. 0431/7068606, www.brauhausschwechat.at | **Bierprofil** Wiener Lager, Lager, Zwickl, Hopfenperle (Märzen), saisonal: Bockbiere | **Öffnungszeiten** Braugasthaus Mo – Sa 11 – 23 Uhr, So 11 – 16 Uhr | **Tipp** Das Wirtshaus Schwechater Hof in Steyr ist eng mit der Geschichte der Schwechater Brauerei verbunden. Biersommelier Wolfgang Pötzl hat die urige Gaststätte zu einer Arche der österreichischen Bierkultur ausgebaut – mit gut 80 Sorten im Ausschank.

# 33 — Retzbacher Kellerbier
*Wenn zwei Seelen durstig sind*

Ein Weinberg will seinen Herrn täglich sehen. Ludwig Hofbauer war daher gut damit beraten, seine Biere erst einmal im Lohnbrauverfahren zu realisieren. 2000 übertrug ihm sein Vater das 1615 erstmals erwähnte Weingut der Familie. 2017 meldete sich der Jungwinzer für einen Braukurs an, um nur ein Jahr später auf dem Amt eine Mikrobrauerei einzutragen, aber erst seit 2023 betreibt er eine eigene 10-Hektoliter-Sudanlage. Wozu er sich die Mühe aufgehalst hat? Zwei Seelen wohnten in der Brust des Seniors: Wenn ich schon sterben muss, so dessen Worte, dann bei einer guten Jause – vor mir ein Glas Wein und auch ein Krügerl Bier. Die Winzerbräu, das ist Österreichs Sudstätte mit dem traurig-schönsten Gründungsmythos.

Ludwig Hofbauers Chardonnay hat Medaille um Medaille um den Flaschenhals gehängt bekommen, sein Weißburgunder gehört zum Exquisitesten, das oben im Weinviertel gekeltert wird. An der Wahl der Biersorten lässt sich ablesen, dass in seinem Brauhaus dieselben höchsten Qualitätsansprüche wie in seinem Keller gelten. Pils, Märzen und nicht zuletzt das Zwickl erfordern nämlich ein besonderes Maß an Akribie. Im Gegensatz zu einem US-amerikanischen oder britischen Ale ist es bei diesen untergärigen Klassikern nicht möglich, Fehlaromen nachträglich zu korrigieren, mit der die Hefe jede noch so kleine Unregelmäßigkeit bei der Gärführung bestraft.

Eine Führung durch das weitläufigste historische Weinlager Österreichs, den Erlebniskeller des an die Mährische Grenze geklebten Retz, ist die größte Attraktion in Hofbauers Heimatregion. Im nordbayerischen Franken wiederum bedeutet Keller: Biergarten. Weil sich dort die Freiluftwirtshäuser meist direkt über einem Bierkeller befindet. Daher trägt dort der Zwickl, den der Bräu ja unfiltriert und überhaupt direkt aus seinem Lager heraus ausschenkt, denselben Namen wir Hofbauers naturtrübes Meisterstück: Kellerbier.

**Adresse** Winzerbräu und Weingut Hofbauer, Hauptstraße 1, 2074 Unterretzbach, www.weingut-hofbauer.at; Retzer Erlebniskeller, Hauptplatz 30, 2070 Retz, www.erlebniskeller.at | **Bierprofil** Kellerbier (Zwickl), Pils, Helles, Dunkles, Weizen | **Öffnungszeiten** Rampenverkauf auf Anfrage. Führungen durch den Retzer Erlebniskeller Mai–Okt täglich 10, 14 und 16 Uhr, Sa zusätzlich 12 Uhr, Nov–April täglich 14 Uhr | **Tipp** In Unterretzenbach gibt es mit Pollak's Wirtshaus ein Lokal, das Biere lokaler Mikrobrauereien im Ausschank hat (www.retzbacherhof.at).

# 34 Waidhofener Schlederwamperl
*Genießen oder tanken*

Mit einem Rätsel, das Zugezogene, Urlauber und andere Nicht-Dialektsprecher deutlich überfordern könnte, ist eines der wenigen österreichischen Gourmetbierprojekte, bei dem eine Frau Regie führt, 2021 in ein zweites Leben gestartet. Anstatt verzweifelt in die Leere zu starren, die der Lockdown dem St. Pöltener Shop ihrer Hopfenspinnerei zufügte, beschloss Evelyn Bäck, ihre kleine, aber umso feinere Biermanufaktur vor der Corona-Pandemie in Sicherheit zu bringen. Und zwar nach ganz oben. Im an die Grenze zur Tschechei angedockten Waidhofen an der Thaya kaufte sie mit ihrem Mann eine alte Mühle. Darauf vertrauend, dass sich die Anziehungskraft ihrer Bierseminare und Braukurse auf das Image des idyllisch-ursprünglichen, traumhaft schönen, zu Unrecht verkannten Böhmerwalds übertragen, das Städtchen demnächst von Ausflüglern überrannt werden wird.

Zehn Jahre zuvor. In der Garage ringt Evelyn Bäck einem 30-Liter-Topf ihr erstes Bier ab. Dann, 2017, quittiert die mittlerweile top ausgebildete Braumeisterin ihren Job als PR-Spezialistin, bespielt im zehn Kilometer nördlich von St. Pölten gelegenen Schloss Walpersdorf eine 500-Liter-Sudanlage. Bereits im Jahr darauf bei der Austrian Beer Challenge: einmal Gold und einmal Silber.

Ob sich ihre neuen Mitbürger mit ihren, der belgischen, britischen und US-amerikanischen Brautradition entlehnten, vorwiegend obergärigen Sorten anfreunden werden? Mit Sicherheit! Extra dafür hat Evelyn Bäck ihnen doch das Schlederwamperl mitgebracht. Wen bitte? Das blonde, zurückhaltend gehopfte Ale ist derart süffig, dass die in den Bauch hineinflößbare Menge die Kapazitäten der Nieren deutlich übersteigt, sich der körpereigene Vorratstank füllt. Perfekt zum Schledern also, zum Herunterstürzen. In dessen Folge sich auf Höhe des Bauchnabels eine Ausstülpung ausformt, ein Wamperl bildet.

Adresse Hopfenspinnerei, Mühlgasse 4, 3830 Waidhofen an der Thaya (Anfahrt /Parkplätze: Einfahrt auf Höhe Wiener Straße 48), Tel. 0660/2009869, www.hopfenspinnerei.at | Bierprofil Waidhofener Schlederwamperl (Blond), Urgut (Urroggenbier), Ziegengeist (Alt), ständig wechselnde Sondersude | Öffnungszeiten Shop und Ausschank Sa 9–12 Uhr und 14–17 Uhr | Tipp Ein Besuch im kleinen, dafür extrem feinen Gourmetrestaurant Gasthaus Lorbaer komplettiert einen Ausflug nach Waidhofen an der Thaya zu einem unvergessliches Genusserlebnis. Reservierung erforderlich (www.lorbaer.info).

# 35 Helles
*Das neue Maß der Süffigkeit*

Im Gegensatz zum ewigen Fußballkrieg mit Deutschland zerrt den Österreichern die jährliche Neuausspielung des Weltmeisters der Schluckspechte nicht an den Nerven. Sie geht ja immer gleich aus. Sensationelle 180 Liter verleibt sich der Rekordhalter, der Durchschnittstscheche, ein. Abgeschlagen, chancenlos: die Alpenrepublik. Aber mit knapp unter 100 Litern grundsätzlich auf Platz zwei.

Ausgerechnet eine Brauerei, deren Wurzeln nicht allein wegen ihrer geografischen Lage weit ins Böhmische hinübergreifen, hat der Idee, dass auch beim globalen Runter-damit-Contest irgendwann ein Córdoba möglich sein wird, eine definitive Absage erteilt. Die Älteren erinnern sich: 21. Juni 1978. »I wer' narrisch«, brüllt das Radio. Hans Krankl schießt den Favoriten, die Deutschen, aus der WM.

Den Böhmen abgenommen haben die Habsburger Weitra erst 1296. 1912 kaufte sich eine böhmische Brauerdynastie die stattlichste Sudstätte im Ort. 2003 übertrug sie Nachfahre Hermann Pöpperl an die befreundete Privatbrauerei Zwettl, die Millionen investierte, am alten Kupfersudwerk und der offenen Gärung aber festhielt. Dann: eine Volksbefragung. Hierzu füllte man das Helle auch in die 0,33-Liter-Kleinversion der bauchigen Euro-Flasche ab. Obwohl das süffige, kräftig gewürzte Blonde ganz klar zu den Alltags- und Schluckbieren zählt, so rustikal ist, wie die Menschen oben im Norden des Waldviertels halt so sind. Würde sich der gemeine Trinker der Meinung anschließen, dass die Masse als Messlatte der nationalen Bierseligkeit auf der Müllhalde der ökonomischen Irrwege entsorgt gehört? Dass die Qualität Vorrang haben sollte? Ergebnis: Kultstatus.

Bei einem Besuch unbedingt probieren sollte man auch das Dunkle, das auf eine regionale Besonderheit abgestimmt wurde, den Anbau von Mohn. Es harmoniert perfekt mit böhmisch-stämmigen Mehlspeisen. Die hat im Waldviertel jedes Wirtshaus auf der Karte.

**Adresse** Bierwerkstatt Weitra, Sparkassenplatz 160, 3970 Weitra, Teil. 02856/2387, www.bierwerkstatt.at; WaLaLa – Waldviertler Landladen mit Brauereishop und Ausschank, Rathausplatz 6, 3970 Weitra, Tel. 0664/1257694, www.walala.at | **Bierprofil** Helles (Märzen österreichischen Typs), Hadmar (Wiener Lager), Dunkles | **Öffnungszeiten** WaLaLa Mo–Do 9–12 Uhr und 14–18 Uhr, Fr und Sa 9–18 Uhr, So/Feiertag 13–18 Uhr | **Tipp** Im Schlossmuseum vom Weitra befasst sich eine 2021 neu gestaltete Abteilung mit der lokalen Brauhistorie sowie mit der Geschichte des Bieres und seiner Herstellung im Allgemeinen (www.schloss-weitra.at).

## 36   Haus- und Hofbier
*Für die Großstadt nichts übrig*

… schmeckt schon anders als das Märzen, das die Supermarktbeschicker in die Flasche packen? Wenn Helmut Dobritzhofer im kleinen Bräustüberl des Marktflecks Wiener Neudorf heute diese Frage stellt, intoniert er sie vollkommen anders als dereinst. Der Aufwand, in sein 200 Jahre altes Haus eine Brauanlage und ein Schankzimmer einzubauen, die auch der Lebensmittelaufsicht zusagten, war enorm. Dementsprechend schwang 2015 immer viel Unsicherheit mit. Ob seine hemdsärmeligen, weil unfiltrierten und überhaupt naturbelassenen Schätze denn im Ort auch wirklich als köstlichere Alternative zum Industriebier verstanden würden? Jetzt, Hunderte Braudurchgänge später, weiß er schon vorab, wie die Antwort lauten wird: »No aans, heerns. Bitte schnööll!«

Mit dem Brauvirus infiziert wurde Helmut Dobritzhofer, als er 2007 eines jener Kübel-Sets mit Gelinggarantie überreicht bekam, die damals das Spektrum an Geburtstagspräsenten »für ihn« revolutionierten. Der Landwirt probierte sich in der seriösen Art, Wasser, Malz und Hopfen zu vermählen. Schon weil es ihm sein Freundeskreis nie verziehen hätte, auf das eben erst liebgewonnene, betont bodenständige, helle, exorbitant süffige Haus- und Hofbier wieder verzichten zu müssen, beschloss er: a) das Hobby zu professionalisieren und b) eines seiner Felder für den Anbau seines eigenen Hopfens freizuräumen. In Fachkreisen wird sein nachtschwarzes Black Duck, ein Stout, schnell als sein zweites Meisterstück gefeiert.

Seither gibt es im alten Zentrum von Wiener Neudorf wieder, was einen Verwaltungs- zu einem Lebensraum macht und den Zusammenhalt der Bewohner beflügelt: Bier, produziert von einem aus den eigenen Reihen. Eines, das in diesem Fall sogar niemand sonst hat. Für den Verkauf in den Craft Beer-Shops des nahen Wien lässt der enorme Durst, der die Stammgäste des Bräustüberls Abend für Abend überkommt, nur selten etwas übrig.

**Adresse** WieNeuBräu, Parkstrasse 35, 2351 Wiener Neudorf, Tel. 0664/4757699, www.wieneubraeu.dobritzhofer.at | **Bierprofil** Haus- und Hofbier (Märzen), Pils, Stout, unregelmäßig diverse Sondersude | **Öffnungszeiten** Rampenverkauf auf Anfrage, Bräustüberl und Biergarten ab dem ersten Freitag im Monat 21 Tage lang, dann täglich von 16–23 Uhr | **Tipp** Jedes Jahr im Juni steigt die Wiener Neudorfer Woche, ein Ortsfest, bei dem sich neben der WieNeuBräu auch weitere regionale Erzeuger präsentieren. Es ist die perfekte Gelegenheit, um zu sehen, was aus einer der einst größten Brauereien Österreichs geworden ist. Auf dem unweit des Festgeländes gelegenen Areal der Austria Brauerei wurde ein gesichtsloser Wohnkomplex hochgezogen.

## 37 Stammbräu
*Ein Plopp für das Auge*

Haben sich der Berliner Carl Dietrich 1875 und der US-Amerikaner William Painter 1892 ihre bahnbrechenden Umverpackungen für Flüssiges aus Gründen des Kinderschutzes einfallen lassen? Dank ihnen musste ein Vater nicht mehr seinen Buben ins Wirtshaus schicken, damit sie dem Knirps eine mitgebrachte Kanne voll machen. Das sich nun anschließende Ritual beeinträchtige die Volksgesundheit nachhaltig. Wieder auf der Straße, stand der Kleine vor der Frage: Die Hälfte unabsichtlich ver- oder absichtlich in mich hineinschütten? Wie auch immer seine Antwort ausfiel, er kassierte eine Watschen.

Wieselburg. Ein Städtchen, an dem man immer nur vorbeifährt. Am Ortsrand: das Großsudhaus der lokalen Dependance der Brau Union. Jahresausstoß weit über eine Million Hektoliter. Unter anderem Geburtsstätte der Kaiser Biere, deren Premium wir nun via Blindverkostung gegen das Wieselburger Stammbräu antreten lassen. In welchem Glas ist was? Keine Ahnung! Einfach eines nehmen. Ansetzen. Schön malzig, ja fast süßlich. Eine dezente Zitrusnote. Unkompliziert und unaufdringlich. Jetzt das andere. Unterschied? Ähm! Hat uns da jemand zweimal dasselbe eingeschenkt?

Das Auge trinkt bekanntlich mit. Es besteht darauf, dass der Gaumen seine Erkenntnisse weniger wichtig nimmt. Wie eine geschwätzige Tante, die zu allem und jedem das letzte Wort haben muss. Derselbe Test. Getrunken wird aber diesmal aus der Flasche. Viel vollmundiger! Ursprünglich und kräftig. Richtig toll! Das Wieselburger Stammbräu aus der nostalgischen Bügelverschlussflasche, die Dietrich 1875 auf den Markt brachte. Es schneidet jetzt deutlich besser als das Kaiser ab, das mit dem von Painter erfundenen Kronkorken verschlossen ist. Beides sogenannte Industriebiere. Aber nach traditionellen Grundsätzen gebraut. Hauptgärung: acht bis neun Tage. Sechs Wochen gereift. Der Verbraucher will sich auch hier gern täuschen lassen.

Adresse Wieselburger Brauerei, Dr.-Beurle-Straße 1, 3250 Wieselburg, Tel. 07416/5010, www.wieselburger.at; Gaststätte Z'wiesl im alten Brauhaus, Hauptplatz 2, 3250 Wieselburg, Tel. 07416/52700, www.brauhauswieselburg.at | Bierprofil alle Biere der österreichischen Marken Wieselburger und Kaiser Bräu sowie Desperados und weitere internationale Marken des Heineken-Konzerns | Öffnungszeiten Brauereiführung mit Biermuseum (Voranmeldung erforderlich) erster Donnerstag des Monats 13.30 Uhr. Gaststätte Z'wiesl Di–Sa 9–24 Uhr, So. 9–15 Uhr | Tipp Bei alkoholfreien Bieren – die in diesem Buch ansonsten nicht weiter berücksichtigt werden – besitzt die Brauerei Wieselburg einen klaren technologischen Vorsprung. Ihrem 0,0-% merkt man kaum an, dass der Geschmacksträger Alkohol fehlt.

# 38 Zwettler Saphir
*So trocken wie Gestein*

Wird Bier eigentlich schon immer mit den weiblichen Blüten des *Humulus lupulus* gewürzt? Ein ganz klares Nein! Denn der Anbau des Hopfens und noch mehr seine Ernte ist in etwa so anspruchsvoll, wie einer Hyäne Anmut und Manieren beizubringen. Erst im Spätmittelalter war man so weit, das die Brauer allerlei anderweitige Kräutermischungen ad acta legen konnten.

Auch im Umland des Städtchens Zwettl fährt man wieder an Rankgerüsten vorbei. Die Rückkehr des mit einem atemberaubenden Tempo in die Höhe schießenden Hopfens ist einer Brauerei zu verdanken, die aus einem Versorgungshof des Stifts Zwettl hervorging. 1890 von der Familie Schwarz aufgekauft, steht sie heute für besonders sorgfältig komponierte und wohlschmeckende Alltagsbiere. Als Vordenker eines neuen Regionalbewusstseins, schloss Karl Schwarz senior in den 1990er Jahren mit Bauern Langzeitverträge, die den Anbau wiederaufnahmen. Ein Pakt, der bis heute hält. Bis Bayerns Staatslenker Anfang des 20. Jahrhunderts mit der Holledau das größte Hopfenanbaugebiet der Welt aus dem Boden stampften, wurden die klebrigen Dolden überall gezupft, wo sich Boden und Klima als geeignet erwiesen.

Böse auf die Bayern sind sie in Zwettl aber nicht. Schon deshalb, weil die Holledau ständig mit Neuzüchtungen aufwartet, die sie gern auch nach Zwettl weiterreicht. Die 2000 zum Anbau freigegebene, hoch aromatische Sorte Saphir etwa. Auf den Feldern der Vertragsbauern, aber auch im Sudhaus macht sie sich so gut, dass Karl Schwarz junior dem Zwettler Sortiment eine weitere flüssige Legende hinzufügen konnte. Vereint man den Saphir mit dem perfekt weichen Brauwasser und der lokalen Braugerste, entsteht ein extrem herbes, steintrockenes Pils, wie es für Norddeutschland typisch ist. Stimmt, geben die von der Nordsee angereisten Urlauber zu. Und sogar, dass es die in Jever und Bremen produzierten Originale zu Wässerchen degradiert.

**Adresse** Privatbrauerei Zwettl, Syrnauer Straße 22–25, 3910 Zwettl, Tel. 02822/5000, www.zwettler.at | **Bierprofil** Saphir, Original (Märzen), Export, Zwickl, Pils, Dunkles, Stiftsbräu (Leichtes), heller Bock, Porter | **Öffnungszeiten** Brauereishop Mo–Fr 9–17 Uhr, Sa 9–12 Uhr; Brauereiführung (Voranmeldung erforderlich) Di 16–18 Uhr, Juli/Aug. zudem Mi 16–18 Uhr | **Tipp** In seinem Zwettler Innenstadt-Lokal S'Beisl kredenzt Biersommelier Reinhard Todt neben den Schätzen der Privatbrauerei Zwettl gern auch eine monatlich wechselnde Komposition einer Mikrobrauerei.

# 39__Das Zwickl
*Das Erste seiner Art*

Einen Freiheitshelden in seiner Ahnengalerie hängen, das hat nicht jeder. Gemeint ist der Spross einer Familie, die sich 1698 in Altheim eine Brauerei mit Gasthaus kaufte. Als die Habsburger 1705 das bayerische Innviertel besetzten und dort 12.000 junge Männer zu rekrutieren begannen, setzte sich Johann Georg Meindl an die Spitze eines Bauernheers. Am 17. November verjagte es die Rot-Weiß-Roten aus Burghausen, am 4. Dezember war das Innviertel befreit. Dass ein Kopfgeld auf ihn ausgesetzt wurde, ist das Ende dieser Geschichte. Aber noch lange nicht die der Brauerei, die die Meindls 1773 verkauften und der noch etliche Namenswechsel bevorstanden, bis sich 1869 Raschhofer etablierte.

Ein Blick in den Brauereihof liefert eine Erklärung, weshalb die Raschhofer Biere heute weniger für die Lust am Aufstand, dafür umso mehr für eine großväterliche Ursprünglichkeit stehen. Das Erdgeschoss des 1960 neu errichteten Brauhauses hat Wände aus Glas. Wer will, kann daher beim Zubereiten der Würze zusehen, sollte sich aber eine Jause einpacken. Denn Braumeister Johann Eder nimmt sich noch volle acht Stunden Zeit. Der Sudkessel besteht aus Kupfer. Niemand weiß, warum dieses traditionelle, aber teure und daher mehrheitlich längst durch Edelstahl ersetzte Metall die Vergärung positiv beeinflusst. Es ist aber so. Die Reifetanks liegen, damit sich die Schwebstoffe leichter absetzen, sich die Biere von selbst filtrieren können.

Und nun noch ein Skandal: 1997 lieferte die Brauerei Raschhofer ein Märzen an die Supermärkte aus, bei dem sie sich den letzten Arbeitsschritt, die Filtration, gespart hatte. Ein Helles, das mit der letzten Qualitätsprobe identisch war, die der Braumeister dem Lagertank entnommen hatte. Mittels eines Geräts namens Zwicklhahn. Das erste Naturtrübe Österreichs war so erfolgreich, dass bald so gut wie jede Brauerei eine Variante in ihr Sortiment übernahm.

**Adresse** Brauerei Raschhofer, Braunauer Straße 12, 4950 Altheim, Tel. 07723/42205, www.raschhoferbier.at | **Bierprofil** Das Zwickl, Pils, Märzen, Helles, Halbdunkles, Bock, helles und dunkles Weizen, Pale Ale, Red Ale, Porter, Wit (Weizen belgischer Art) | **Öffnungszeiten** Rampenverkauf Mo–Do 7–17 Uhr, Fr 7–12 Uhr | **Tipp** Die Brauerei Raschhofer hat kein eigenes Braugasthaus. Nicht schlimm, lassen sich ihre Biere doch beim Altheimer Engelwirt aufs Feinste mit der traditionellen Küche des Innviertels kombinieren (www.englwirt.at).

# 40 Premium Märzen
*Masse geht auch klasse*

Lohnt sich die Mühe nicht, sie ordentlich zu verräumen? Weil sie eh nur auf einen Sprung in den Supermarkt hineinschauen? Auffällig oft werden sie ein Stückchen abseits gestapelt. Als hätten sie Mitleid verdient. Wie jener Bub, von dem nicht einmal seine Kameraden wissen, warum genau sie nicht mit ihm spielen wollen. Die Rede ist von orangen Bierkästen. Immer sind sie am günstigsten. Ihr Name: Bestimmt hat ihn eine Werbeagentur erfunden, um die No-Name-Herkunft des Märzens zu kaschieren!

Zumindest aus geografischer Perspektive ist die Brauerei Wurmhöringer tatsächlich als ein Außenseiter zu betrachten. Nur zwei Kilometer vor der Grenze zu Deutschland gelegen, nimmt sie sich die Freiheit, ihren Supermarkttrunk sechs Wochen reifen zu lassen. Das sind zwei Wochen mehr, als es üblich geworden ist. Dank der langen Ruhephase und einer über Generationen gepflegten Rezeptur, die die Gegebenheiten regionaler Rohstoffe optimal zu nehmen weiß, zählt der ungemein bodenständige Trunk, so Bierpapst Conrad Seidl, zu den »meistunterschätzten Bieren auf dem österreichischen Markt«.

Wer jetzt immer noch zweifelt, dem sei empfohlen, sich vormittags um kurz vor zehn auf dem Marktplatz von Altheim unter ein Grüppchen durstiger Herren zu mischen. Tag für Tag wartet es darauf, dass sich die Tür zum denkmalgeschützten Braugasthaus öffnet. Obwohl erst unlängst renoviert, stimmt einfach alles: die urige Atmosphäre, der barsche Ton der Kellnerin, die Zärtlichkeit ihrer Mimik. Die Zoten, die sich die Stammtischbrüder – immer mit denselben Worten – schon seit Jahren zuwerfen. Erwähnt wurde die Brauerei erstmals 1632. 1885 heiratete die verwitwete Besitzerin, eine Spindler, einen ihrer Biersieder, Josef Wurmhöringer. Ihren dritten Geschäftszweig, die Landwirtschaft, gab die Familie 1972 auf. Der vierte, eine Spedition, dürfte die Idee beflügelt haben, ins ganze Land auszuliefern.

Adresse Wurmhöringer Privatbrauerei und Braugasthof, Stadtplatz 10/11, 4950 Altheim, Tel. 07723/42204, www.wurmhoeringer.at | Bierprofil Märzen (auch unfiltriert), Pils, Dunkles, Leichtes, Kalorienarmes, saisonal: Festbock | Öffnungszeiten Rampenverkauf Mo–Fr 7.30–11.30 Uhr und 13–16.30 Uhr, Braugasthof Mo 10–14 Uhr, Di–Do zudem ab 16 Uhr, Fr–So 10–14 Uhr | Tipp Da die mit 102.000 Quadratmetern größte Indoor-Relax-Wasserlandschaft Österreichs, die Therme Geinberg, gleich ums Eck liegt, empfiehlt es sich, die innere Anwendung eines typisch innviertler Nass mit einer äußeren zu kombinieren.

# 41 Schwarze Tinte
*Ein Gastbeitrag von Mareike Hasenbeck*

Einer der Autoren dieses Buchs gilt als der Tausendsassa der deutschsprachigen Bierszene. In seinem Wohnort Dietraching, den gerade mal 70 Einwohner besiedeln, betreibt Martin Seidl, gelernter Autoschrauber, Maschinenbau- und Chemiemeister sowie Landwirt im Nebenerwerb, eine Brauanlage, deren Sudpfanne er mit Holz heizt. Die Hefe lässt er in einem offenen Gärtank arbeiten.

Schon zu Beginn seiner Braukarriere setzt er auf Bierstile, die in seiner Region, dem Innviertel, bis dahin eher ungewöhnlich waren. 1996 produzierte er erstmals ein Stout. Das Getreide für die Schwarze Tinte, die sich zu seinem Flaggschiff und Signaturbier entwickeln sollte, baut er selbst an. Inzwischen sind es zwei Hektar. Das mit 6,3 Prozent recht kräftige, nachtschwarze Bier enthält auch unvermälztes Korn, das Martin Seidl röstet. Das Ineinandergreifen einer intensiven Malzaromatik mit Noten von Zartbitterschokolade, einem Hauch Kaffee und Toffee, und die über den Hopfen eingebrachten Anklänge an Limone und Kokosnuss machen die vielfach preisgekrönte Komposition zu einem der spannendsten Biere Österreichs.

Im etwas größeren Maßstab hat Martin Seidl seine Schwarze Tinte auch immer wieder in Kollaboration mit einer befreundeten Brauerei hergestellt – der Tölzer Mühlfeldbräu, einem Kreativbierhaus aus Pennsylvania/USA oder in einer fassgereiften Variante mit der kleinen Hopfenkopf Bräu, einem Geheimtipp aus der Region Altötting. Jüngst tat er sich mit dem fränkischen Braumeister Georg Tscheuschner zusammen, dem Rekordhalter für die stärksten Biere der Welt. So entstand die Mördertinte mit kräftigen 14 Umdrehungen. Der diplomierter Biersommelier und Brauerei-Sensoriker, der 2003 mit der Austrian Beer Challenge Österreichs Staatsmeisterschaft der Hobby- und Profi-Brauereien ins Leben rief, ist nun einmal bekannt für immer neue Ideen. Mal schauen, was er als Nächstes austüftelt.

**Adresse** Dietrachinger Privatbrauerei Seidl, Dietraching 24, 5271 Moosbach, Tel. 0664/2084681, www.bierobelix.at | **Bierprofil** Schwarze Tinte in wechselnden Ausführungen und Kollaborationen, Helles, maßgeschneiderte Sondersude für die Gastronomie | **Öffnungszeiten** im Sommer Hofausschank, Termine für Braukurse siehe Website | **Tipp** Einer der ganz großen Fans der Schwarzen Tinte ist der Salzburger Bier-Onlineshop Kalea, der Erfinder des Bieradventskalenders. Wer sich vor Weihnachten 24 Mal überraschen lässt, wird sich daher mit großer Wahrscheinlichkeit auch Martin Seidls Stout einverleiben.

# 42 Landler
*Fünf Jahrzehnte Revolution*

Auf der Dachterrasse von Rudi Kölbls Bieridyll einen freien Platz zu ergattern und über die sensationelle Stabilität des Schaums seines bernsteindunklen, kupferrot schillernden Landlers zu staunen, ähnelt irgendwie dann doch einer evangelikalen Messe. Nur, dass die Sache schon von daher aufs Höchste angenehm ist, weil ein göttlich gutes Getränk verehrt wird. Ein Hauch von Karamell. Ehrfürchtig erschnuppert die Nase das Aroma röscher Brotkruste. Der Schaum des Landlers steht immer noch, wenn sich die – Tipp! – mit Speck gefüllten, in der Reine gebackenen Mühlviertler Erdäpfelknödel hinzugesellen.

Als Rudi Kölbl jung war, glich das Bierland Österreich einer Wüste. Egal, in welches Wirtshaus er sich damals setzte: überall dasselbe Lager und Märzen. Denn in Folge einer 1907 eingeleiteten Regulierung des Marktes hatte jede Brauerei ein klar umgrenztes Absatzgebiet zugewiesen bekommen. Einzig ihr Nass durfte dort in den Läden und Wirtshäuser veräußert werden. Qualität? Oder eine Auswahl? Wozu sollten sich die regionalen Monopolisten diese Mühe aufhalsen! Als das Gesetz 1980 endlich fiel, arbeitete Kölbl auf einer Ölbohrinsel. Mangels Alternative, brauten sich seine britischen und US-amerikanischen Kollegen dort ihr Bier selbst. Himmlische, mal herbe, mal milde, mal süßlich-sämige, für Kölbls Gaumen ungewohnt schmackhafte Gesöffe! Der Do-it-yourself-Virus hatte ihn erfasst.

Nur an zwölf Tagen im Jahr sperrt der Pionier der Hobbybrauer-Szene das ehemalige Feuerwehrhaus auf, in das er 1998 ein selbst zusammengebautes Sudwerk eingepasst hat. Dann fluten Hunderte Durstiger das kleine, wenige Kilometer westlich von Linz gelegenen Dörnbach. Rudi Kölbls eigentliches Lebenswerk aber, das sind die mehreren tausend Mitstreiter, die er via Braukurs für das Hobby Bier missioniert hat. Auf dass jene Revolution, die seine Generation in Gang brachte, niemals ein Ende nehmen wird.

**Adresse** Florianibräu, Dörnbacher Straße 117, 4073 Wilhering-Dörnbach, Tel. 0699/15025777, www.florianibraeu.at | **Bierprofil** Landler (dunkles Export), Pils; Sohn Max Kölbl braut zudem jeden Monat ein anderes Spezial, bei dem er bisweilen auch exotische Zutaten wie Hanf verarbeitet | **Öffnungszeiten** Direktverkauf mit Ausschank und Wirtshausbetrieb jeden ersten Samstag im Monat ab 9 Uhr | **Tipp** Im nahen Linz kommen Fans edler und ausgefallener Kompositionen im Craft-Beer-Shop Bier Tempel (Graben 15a) auf ihre Kosten.

# 43 Samichlaus
*Der eingebürgerte Nikolaus*

Ein Ritual nimmt seinen Gang. Früher, als sie müssten, kommen die Kinder nach Hause. Draußen schichtet ein klirrend kalter Wind die Schneeberge um, zu denen ihre Eltern eben das Weiß am Gehwegrand zusammengeschoben haben. Wenn es dann vollbracht ist, sind sich die Kleinen – jedes ein Tütchen mit Apfel, Nuss und Mandelkern in der Hand und ein Leuchten in den Augen – eines bewusst geworden: Demnächst gibt's dann was Gscheites geschenkt! Ein heiliger Tag. Auch für Bierfreunde.

Rückblende: 1997. Mit Hürlimann verliert die Schweiz eine historisch bedeutende Brauerei. Auch Karl Stöhr, der in siebter Generation die Schlossbrauerei Eggenberg auf Kurs hält, hört davon. Er kauft den Eidgenossen das Rezept für ein Bier ab, das so gar nichts mit einem Märzen gemeinsam hat, dafür einem Sherry recht nahe kommt. Inklusive der dazugehörigen Hefen, die das eigentlich Unmögliche beherrschen: 28,5° Stammwürze in 14 Prozent Alkohol zu verwandeln. Normale Bierhefen sterben spätestens bei acht Prozent ab. Am Nikolaustag des Jahres 2000 köchelt in Eggenberg erstmals jene Suppe, die, nachdem sie zehn Monate hat reifen dürfen, allen Beteiligten beim ersten Probieren eines klar macht: Eine Goldmedaille bei der Bierolympiade, dem World Beer Cup, ist nur noch eine Frage der Zeit.

So nimmt das Samichlaus-Ritual seitdem seinen Gang: Braumeister Thomas Lugmayr verheiratet Wasser, Malz und Hopfen. Über Eggenberg legt sich der Duft von Karamell. Mit Hubert Stöhr begrüßt die achte Generation – zwecks Segen – einen Abgesandten des Stift Kremsmünster. Und mit ihm die aus aller Welt angereiste Crème de la Crème der Bier-und Brauerszene. Die helle und die dunkle Version vom Vorjahr eröffnen den Verkostungsreigen. Ein Leuchten in den Augen, arbeitet sich der illustre Kreis bis zum 2000er Jahrgang vor. Wer hier dabei sein darf, der weiß, dass er dazugehört. Du guter Samichlaus, ich danke dir!

**Adresse** Brauerei Schloss Eggenberg, Eggenberg 1, 4655 Vorchdorf, Tel. 07614/63450, www.schloss-eggenberg.at | **Bierprofil** heller, klassischer (dunkler) und im Holzfass ausgebauter Samichlaus, Helles, Märzen, Zwickl, Dunkles, Bock und weitere traditionelle Sorten | **Öffnungszeiten** Rampenverkauf (Eggenberg 3) Mo – Fr 8 – 17 Uhr und Sa 8 – 12 Uhr | **Tipp** Die jährliche Samichlaus-Verkostung findet ein paar Kilometer entfernt statt: im Bierhotel Rankleiten, in dessen Gaststube zu jeder Speise das passende Bier serviert wird und zu dem auch ein Bierflaschenmuseum gehört (www.bierheuriger.com).

# 44 Gregorius
*Mönche mögen's stark*

Mit der Ansicht, dass den Klöstern ein entscheidender Anteil an der Ausformung der Brautradition zukommt, sitzt das Gros der Freunde des Guten gleich mehreren Irrtümern auf. Hierzulande hatten – ganz im Gegenteil – die Bauern bis ins Hochmittelalter die Klosterbrüder mit trinkfertigem Bier zu versorgen. Als Teil des Zehnt. Als die Kirche mit dem Durst ihrer Schäfchen Geld verdienen wollte, war der Wissensvorsprung der weltlichen Sudstätten bereits uneinholbar. Und die Fastenböcke? Sie ersetzen erst die Mahlzeiten, seit im 17. Jahrhundert die Kleine Eiszeit dem Anbau von Wein neue Grenzen setzte.

Wer wissen will, wie ein Klosterbier schmecken muss, das schon immer ausschließlich im mönchischen Kontext gebraut werden durfte, muss entweder nach Belgien zu den Trappisten reisen. Oder man lenkt das Auto zu einem der reizvollsten Abschnitte der Donau. Wo der Fluss ein tiefes Tal in die Landschaft eingeschnitten hat, gründeten 1293 zwölf Zisterzienser Engelszell. 1935 übernahmen Elsässer Trappisten den Konvent. Das Helle und das Festbier: feinst – aber vorerst stehen lassen! Diese beiden sind Zugeständnisse an die Trinkgewohnheiten der Ausflügler, die den Brauereiausschank und -shop den Sommer über fluten. Das nach dem ersten Engelszeller Trappistenabt benannte Gregorius hingegen ist ein *Authentic Trappist Product*. Obergärig. Honig aus der eigenen Imkerei dient als Starthilfe für die sehr spezielle, ordenseigene Hefe. 10,5 Prozent Alkohol. Jeder Schluck eine Reise durch eine Milchstraße an Geschmackseindrücken. Ein Malzbonbon. Noten von Dörrobst. Der Biss der Hopfenbittere. Sortenbezeichnung: Quadrupel. Schwer. Wärmend. Einlullend.

Dann, im Mai 2023, der Paukenschlag: Weil es keine Nachfolger gibt, verkündete der Trappistenorden, dass die vier letzten, teils hoch betagten Mönche Engelszell verlassen. Die Brauerei aber bleibt unverändert und in ihrem Sinn bestehen.

**Adresse** Brauerei im Stift Engelszell, Stiftstrasse 6, 4090 Engelhartszell, Tel. 07717/8010, www.stift-engelszell.at | **Bierprofil** Gregorius, Benno und Nivad sind Trappistenbiere, das Helle und das Festbier folgen der österreichischen Brautradition | **Öffnungszeiten** Ausschank und Shop (im Hof bei der Kirche) Mo 10–14 Uhr, Di 14–20 Uhr, Fr 10–20 Uhr, Sa/So/Feiertag 10–17 Uhr | **Tipp** Dunkle Starkbiere wie die das Gregorius, aber auch Böcke kann man viele Jahre daheim im Keller lagern. Kühl und trocken aufbewahrt, reifen sie nach. Gleichzeitig mehrere alte Jahrgänge zu verkosten, um der Veränderung nachzuspüren – ein absolutes Genusshighlight.

## 45  Ernstinger Wirts-Bräu
*Wie in schönen Filmen*

Zwei Ochsen vor einen Wagen zu spannen, wäre dann doch zu viel des Guten. Um den einzigartigen Charme dieser Gasthausbrauerei schon bei der Anfahrt auszukosten, bedarf es aber dieses Settings. Der Wirt z'Ernsting, der seit Urzeiten die Durchreisenden am Ende eines quälend langen Anstiegs, der sie von der Salzach ins Innviertel hinauf führt, in Empfang nimmt, zählt zu den letzten echten Schatzhäusern der großbäuerlichen Genusskultur. Justine und Stefan Borer betreiben das 1750 erstmals erwähnte, breitfüßige, geduckte Anwesen, als hätte es die Fortschrittshörigkeit der 1950er bis 1980er Jahre nie gegeben.

Kennzeichen eines echt historischen Innviertler Gasthauses: Der erste Raum, den man betritt, dient nur als Verteiler. Auf ins linke Gastzimmer! Verblüffend klein. Karg. Urgemütlich. Im Original erhalten. Eines der letzten, das die in den 1960er Jahren grassierende Neugestaltungswut übrig gelassen hat. An den Wänden böse Karikaturen, die ein Stammgast, der Maler Hans Plank, vor einem dreiviertel Jahrhundert daließ.

Jetzt bei Justine Borer bestellen, der Herrin des Hauses in fünfter Generation. Natürlich: etwas mit Ochse. Die Küche, die Stefan Borer verantwortet, ein gebürtiger Schweizer, verarbeitet ausschließlich das, was die Region in der Saison zu bieten hat. Dazu das umwerfend sorgsam komponierte Hausbier. Im Antrunk nur mittel vollmundig, entfaltet es eine immer derbere, von einer deutlichen Hopfenbittere elegant ausgekonterte Malzigkeit. Der Hopfen hält sich minutenlang am Gaumen! Ein Meisterstück der Volksbraukunst, das nur hier ausgeschenkt wird. Das Wasser kommt aus dem eigenen Brunnen, die Braugerste quasi von nebenan, der Hopfen aus dem Mühlviertel. Den Treber füttert ein Bauer jenen Ochsen, die demnächst auf dem Teller landen. Das ist kein Kitsch hier. Sondern eine Reminiszenz an die Welt von anno dazumal. Beim Wirt z'Ernsting greift ein Detail ins andere.

**Adresse** Wirt z'Ernsting, Ernsting 6, 5121 Ostermiething, Tel. 06278/6325 | **Bierprofil** Ernstinger Wirts-Bräu (Hausbier) | **Öffnungszeiten** Mo, Fr–Do ab 10 Uhr, Fr 10–17 Uhr, So ab 10 Uhr | **Tipp** Stefan Borer ist nebenbei auch der Initiator des Festivals »Kleine Brauer – große Biere«, bei dem sich jedes Jahr am Samstag um den »Tag des Bieres« (23. April) rund 20 österreichische und bayerische Mikrobrauereien aus der Inn-Salzach-Region einem hoffentlich durstigen Publikum präsentieren. Wo und wann genau, weiß Google.

# 46 Rotschopf
*Eine für alle*

Die einzige komplett erhaltene Stadtmauer Österreichs bewahrte Freistadt im Mittelalter vor Totschlag und Plünderung. Dann fiel die Raststation am Goldenen Steig, der Fernstraße nach Böhmen, in einen Dornröschenschlaf. 400 Jahre fehlte das Geld, um das Häusermeer mit neuen Bauten zu durchsetzen. Für die große Ausnahme legten Bürger zusammen. Jenseits des Stadtgrabens errichteten sie 1777 eine Brauerei, die ihnen allen gehörte. Freistadts Braucommune ist die letzte Institution dieser Art, die den Stürmen der Zeit – mit Bravour – trotzen konnte.

Das Braurecht hatte der Herzog von Österreich Freistadt 1363 verliehen. Er band es an die Häuser. Wurde ein Gebäude verkauft, ging es auf den neuen Eigentümer über. Mangelhafte Produktionsmöglichkeiten und eine Neuordnung der lokalen Biersteuer zwangen die exakt 149 Eigentümer, zu fusionieren. Das Flaggschiff der Braucommune Freistadt, der Ratsherr, ist den damaligen Entscheidungsträgern gewidmet. Mit dem Rotschopf braut man aber auch einen Trunk, der für die Epoche steht, in denen die Bürger noch selbst den Sudkessel schüren mussten. Zwar wusste man damals, wie sich so ein untergäriges, haltbares und hygienisches Bier herstellen ließ. Aber leider hatte halt niemand einen Keller, in dem die benötigten vier bis acht Grad Celsius konstant herrschten.

Wer heute dem alten Brauhaus einen Besuch abstattet, kann schon mal rauschen hören, was ihm gut sieben Wochen später in Glas gezapft wird. Anfang der 2010er Jahre wurde das Sudhaus in den wuchtigen, barocken Gebäudeklotz zurückverlegt. Seither bildet es das Herz des Besucherzentrums. Zugegeben: Man sieht nicht viel, denn immer dann, wenn in einem der vier Kessel Action herrscht, rinnen Ströme von Kondenswasser über sein Bullauge. Dennoch: Dem schier endlosen Ballett aus Kochen und Rasten beizuwohnen, gehört zu den einprägsamsten Biererlebnissen, die Österreich zu bieten hat.

Adresse Braucommune Freistadt mit Besucherzentrum und Braugasthaus, Brauhausstraße 2, 4240 Freistadt, Tel. Brauerei 07942/75777, Tel. Braugasthaus 07942/72772, www.freistaedter-bier.at | Bierprofil Rotschopf (Rotbier), Ratsherr (Premium), Märzen, Pils, Lager, Zwickl, heller und dunkler Bock, Pegasus (Porter) und weitere Spezialbiere | Öffnungszeiten Brauereiführung Do (außer Feiertag) 14 Uhr; Besucherzentrum mit Shop Mo – Fr 8 – 17 Uhr, Sa 9 – 12 Uhr; Braugasthaus Di – Sa ab 9 Uhr, So 9 – 15 Uhr | Tipp Wer die pittoreske Altstadt von Freistadt genießen, bei einem Bummel zudem tiefer in die lokale Braugeschichte eintauchen will: Im Besucherzentrum der Braucommune gibt es einen Plan mit einem Rundgang, der zu allen 20 einstigen Braustätten führt.

GRIESKIRCHEN, BRAUEREI GRIESKIRCHEN

# 47 _ Pils

*100 von 100 Punkten*

Es ist mal wieder Juli. Unbarmherzig bläut die Sonne den Cabriolet-Fahrern ein: Der Klimawandel ist kein Joke, mit dem sich ein paar spinnerte Journalisten wichtigmachen. Man hält kurz am Straßenrand, schließt das Verdeck und programmiert das Navi um. Neues Ziel: ein Städtchen, das sich weit weniger als andere aufheizen wird. 2010 hängte die Künstlerin Maria Treml ein 1.600 Quadratmeter großes Netz über dem Stadtplatz von Grieskirchen in den Himmel. Es dämpft den Beschuss. Obendrein gönnt man sich und seinen Besuchern Sprühnebel. Daher kann man es schon mittags wagen, sich eine der beiden Flüssigkeiten einzuverleiben, für die die örtliche, nur einen Steinwurf entfernte Sudstätte berühmt ist.

Die Brauerei Grieskirchen war die erste, die das bis dahin stets von den Wirten zusammengemischte Radler fertig in Flaschen abfüllte. Mit 4,8 Prozent nicht ganz so Hitze-kompatibel, zählt ihr Pils schon deshalb zu den ganz großen Bierlegenden, weil es bereits vor Generationen dem Märzen den Rang als meistproduzierte Sorte abgelaufen hat. 1958 eingeführt, gelang dem intensiv herben, deshalb aber keineswegs aufdringlichen goldenen Schatz 1988 eine Weltsensation. Das Münchner Institut Doemens, damals wie heute das bedeutendste unabhängige Bierkompetenzzentrum Deutschlands, urteilte bei einem Qualitätscheck: Das eigentlich Unmögliche ist eingetroffen. 100 von 100 Punkten. Braumeisterin Gloria Fahrbach ist es zu verdanken, dass der zugleich samtweich-zärtliche und bitterbissige Trunk noch immer dasselbe Ergebnis verdient hat.

Nicht zu vergessen: Marcus Mautner Markhof, Nachfahre einer Brauerdynastie, die das Land ins Industriezeitalter geführt hat. Hätte er sich nicht 2013 die Brauerei Grieskirchen gekauft, um sich im Ruhestand beschäftigt zu wissen, sie würde vermutlich nicht mehr existieren. Zu lange hatte sie ein Vorbesitzer, die Harmer Holding, auf Verschleiß gefahren.

**Adresse** Brauerei Grieskirchen, Stadtplatz 14, 4710 Grieskirchen, Tel. 07248/6070, www.grieskirchner.at | **Bierprofil** Pils, Märzen, Export, Landbier, Leichtbier, Dunkles, helles Weizen, saisonal: Weihnachts- und Osterbock | **Öffnungszeiten** Rampenverkauf Mo–Do 8–12 Uhr und 13–15.30 Uhr, Fr 8–14.30 Uhr; Brauereiführung Di 17 Uhr; Brauereiausschank Pilsnerei Do 18–22 Uhr | **Tipp** Nach der hauseigenen Pilsnerei der beste Ort, um sich durch die Leckereien der Brauerei Grieskirchen durchzuprobieren, ist der Zweimüller. Das urige Gasthaus liegt direkt am Stadtplatz – in einem gut 400 Jahre alten Haus, in dem einst Bier gesiedet wurde.

GUNDERTSHAUSEN (EGGELSBERG), BRAUEREI SCHNAITL

# 48 Stille Nacht Bier
*Schmecke: Der Retter ist da!*

In den 1980er Jahren gehörte Großmannssucht in der Bierbranche zum guten Ton. Auch der Patriarch der Brauerei Schnaitl verleibte sich damals konkurrierende Sudhäuser ein. Mit der Maßlosigkeit eines Briefmarkensammlers. So auch den Noppinger, der – noch im selben Jahr stillgelegt – im 20 Kilometer entfernten Oberndorf von 1630 an die Salzachschiffer mit flüssigem Proviant versorgt hatte. Dies erklärt, weshalb eines der begehrtesten Weihnachtsmitbringsel Österreichs zwar von der Brauerei Schnaitl stammt, aber an einem ganz anderen Ort, in Oberndorf, verwurzelt ist.

Als 2002 der vierte Stammhalter mit dem Namen Matthias die Leitung der 1843 an einer Kreuzung zweier uralter Handelsstraßen entstandenen Familienbrauerei Schnaitl übernahm, war es höchste Zeit für neuen Wind. Er holte seinem Flaggschiff, dem sträflich vernachlässigten, goldgelben Original den Ruf einer Leckerei zurück, von der man nicht genug bekommen kann. Ihre Felder bestellen die Schnaitls, die sich derzeit auf einen weiteren Generationswechsel einstimmen, wieder selbst, um ihre eigene Braugerste anzubauen.

Oberndorf wiederum ging es gar nicht gut, als dort am 24. Dezember 1818 der Hilfspfarrer Joseph Mohr und sein Organist Franz Xaver Gruber erstmals jenes Lied intonierten, ohne das der Heilige Abend heute undenkbar ist. Stichwort: Besinnlichkeit. Eine Nacht lang sollten die Oberndorfer ihre Nöte vergessen. 1816 Österreich zugeschlagen, erwies sich der stets von Hochwasser bedrohte Ort ohne das am anderen Ufer gelegene, bei Bayern verbliebene Laufen als kaum lebensfähig. Und das Bier? Befriedet Familienfehden! Die Wucht der Aromen – viel Kaffee, viel Schokolade und ein Hauch Lakritze – macht sie vergessen. Als Aperitif eingenommen, fährt der mit 6,3 Prozent recht kräftige, rot schillernde, mahagonibraune Festtrunk, den die Brauerei Schnaitl seit 2015 jedes Jahr zu Weihnachten neu auflegt, das Gemüt herunter.

**Adresse** Brauerei Schnaitl, Gundertshausen 9, 5142 Eggelsberg, Tel. 07748/66820, www.schnaitl.at | **Bierprofil** Original (Märzen), Gundertshauser Meisterbräu (hopfiges Märzen), Naturtrübes, Pils, Dunkles, helles und dunkles Weizen, saisonal: Stille Nacht Festbier, Gundertshauser Ernte (Sommerbier mit Hopfen aus eigenem Anbau), Festbock, Maibock | **Öffnungszeiten** Rampenverkauf Mo–Fr 8–12 Uhr und 13–16 Uhr | **Tipp** Im Markt Eggelsberg, zu dem Gundertshausen und mit diesem die Brauerei Schnaitl gehört, begeistert das Gasthaus Gössnitzer mit bodenständiger regionaler Küche. Selbstredend, dass dort auch Bier von Schnaitl am Hahn liegt.

HOFSTETTEN (ST. MARTIN IM MÜHLKREIS), BRAUEREI HOFSTETTEN

# 49 __ G'froren's
*Highend der Aromenfülle*

Ach, diese Deutschen! Da stopfen sie die Regale von Billa und Spar mit ihrem Tegernseer und Konsorten voll. Aber sie denken nicht daran, im Gegenzug Bier *Made in Austria* zu sich zu holen. Mit zwei Ausnahmen. Das Gösser Radler. Und die über dem Bauernland des Mühlviertels thronende Familienbrauerei Hofstetten. Ihr ist es gelungen, in jene Boutiquen vorzudringen, die sich den besonderen Leckereien verschrieben haben.

Eisbock nennt sich die Sorte im Fachjargon, der die Brauerei Hofstetten ihre Ausnahmestellung zu verdanken hat. Beiderseits der deutsch-österreichischen Grenze halsen sich gerade einmal eine Handvoll Sudstätten den Aufwand auf, der den enormen Preis der Rarität erklärt. Mit 15 Euro für 0,33 Liter zählt die Version aus dem Mühlviertel zu den teuersten Brauspezialitäten überhaupt.

Erst bei genauem Hinschmecken als Mitglied der Großfamilie der Biere erkennbar, mit dem Alkoholgehalt eines Likörs gesegnet: Erfunden wurde der Eisbock drüben, im nordbayerischen Städtchen Kulmbach. Wohl anno 1890 kam dort, als der Schnee schmolz, ein Fass zum Vorschein, das ein Brauggeselle ins Warme zu rollen unterlassen hatte. Sein Inneres: ein Eisblock. In dessen Mitte fand sich eine Flüssigkeit, in der sich der gesamte Alkohol plus die gesamten Geschmacksstoffe konzentrierten. Statt wie seither üblich einen dunklen Bock, versetzt die Brauerei Hofstetten den bittersten, zugleich aber hopfenaromatischten aller Biertypen ins Kältekoma, ein India Pale Ale. Fertig? Noch lange nicht! Sie aromatisiert den so gewonnenen Sirup weiter, lässt – bildlich gesprochen – einen mit Hopfendolden gefüllten Teebeutel in ihm ziehen. Zwei Wochen lang. Immer eine andere Sorte. Gelegentlich folgt zusätzlich der Ausbau in einem mit Whisky oder Portwein vorbelegten Fass. Einer Flüssigkeit noch mehr Aromatik mit auf den Weg zu geben geht nicht! Der totale Wahnsinn.... schmeckt aber nicht jedem.

**Adresse** Brauerei Hofstetten, Adsdorf 5, 4113 St. Martin im Mühlkreis, Tel. 07232/22040, www.hofstetten.at | **Bierprofil** Die G'froren's-Serie wird unregelmäßig stets mit einer neuen Hopfensorte fortgesetzt. Die traditionellen Sorten sind: Märzen, Bio Bier, Kübelbier (Zwickl), Wiener Lager (siehe nächste Doppelseite), Altes Lager, Zwicklbock, Hochzeitsbier | **Öffnungszeiten** Rampenverkauf Mo – Fr 8 – 12 Uhr und 13 – 17 Uhr, Sa 8 – 12 Uhr | **Tipp** Im nahen Linz gefällt das Lokal Stadtliebe – dank einer breiten Auswahl ausgesucht guter Fass- und Flaschenbiere.

## 50 Granit-Serie
*Der Stein der Gourmets*

Es stimmt, dass die Beschränkungen des Landlebens einen besonderen Menschenschlag hervorbringen, den Eigenbrötler. Zum Glück! Am stärksten betroffen: Einzelgehöfte. Der Beweis: Österreichs älteste Brauerei und ihr Chef Peter Krammer. Als 2016 ein Trupp Monteure anrückte, um die Produktion technisch auf die Höhe der Zeit zu katapultieren, entschied er, das alte, 1929 von seinen Vorfahren secondhand gekaufte Sudwerk keinem Altmetallhändler zu überantworten.

Granitland nennt sich die Region oben im Mühlviertel. Das Gestein erklärt das perfekt weiche Brauwasser, das dort aus den Brunnen sprudelt. Granit heißt deshalb auch die bekannteste Spezialitätenlinie der 1229 erstmals als Raststation an der Salzstraße nach Böhmen erwähnten, seit 1449 als Sudstätte dokumentierten, 1847 an die Familie Krammer übergegangenen Ausnahmebrauerei. Die Grundform, ein Wiener Lager mit unaufdringlichen, aber umso betörenderen Karamellnoten, rückte 2018 zur meistnachgefragten Sorte auf. Zur Erinnerung: Eine konventionelle Traditionsbrauerei produziert zu 90 Prozent Märzen.

Seine wahren Möglichkeiten schöpft Peter Krammer aber erst für die Bockbiervariante aus. Granitsteine werden zum Glühen gebracht, in die Würze geworfen, die schlagartig aufkocht. Wozu? Damit sich Toffeenoten bilden, die sich mit den nicht minder kräftigen Bitterschokolade-Aromen einen gnadenlosen Kampf um die geschmackliche Vorherrschaft liefern. Vergoren wird in 120 Jahre alten Bottichen aus Granit. Reifezeit: sechs Monate. Für die dritte Variante wird der 7,3 Prozent starke Schmackofatz durch Ausfrieren verdichtet. Zu einem Eisbock mit 11,5 Prozent.

Jetzt dürfte klar sein, weshalb Peter Krammer das alte Sudwerk nicht aufgeben könnte. Es ist auf kleine Mengen ausgelegt. Ohne die Antiquität könnte seine Brauerei neben dem Alters- nicht noch einen weiteren Rekord halten. Den der meisten Starkbiersorten und -varianten.

**Adresse** Brauerei Hofstetten, Adsdorf 5, 4113 St. Martin im Mühlkreis, Tel. 07232/22040, www.hofstetten.at | **Bierprofil** Die Granit-Serie umfasst ein Wiener Lager (Granit), einen Bock (Granitbock), einen Eisbock (Granitbock EIS), eine im mit Rotwein vorbelegten Holzfass ausgebaute Variante (Granitbock Wildbrett) und ein Weihnachts-Spezial (Granit EIS Bock Lebkuchen Weihnachtsedition). Die Liste der weiteren Gourmetbiere scheint endlos, reicht vom Pale Ale bis zu einem im Eichen-Calvados-Fass veredelten Honigbock | **Öffnungszeiten** Rampenverkauf Mo–Fr 8–12 Uhr und 13–17 Uhr, Sa 8–12 Uhr | **Tipp** Im Linzer Beisl Barok Belgie (Hofgasse 14) kommen Freunde der belgischen Bierkultur auf ihre Kosten.

# 51 Linzer Original
*Ein Bier kann nicht lügen*

Wie der Rumpfstaat Österreich, sind auch seine Brauereien nach dem Ersten Weltkrieg kaum lebensfähig. In Linz schließen sich deshalb fünf von ihnen mit Geldgebern zu einer Aktiengesellschaft zusammen. Als Brau Union wird sie ihre Macht auch dazu nutzen, die Vielfalt bis 1980 landesweit um 100 auf nur noch 50 Sudstätten zu stutzen.

Dieser Hintergrund ist wichtig, um ein Bier gebührend würdigen zu können, das 2017 erst in ausgesuchten Wirtshäusern, bald aber auch in den Getränkeregalen von Linz für Staunen sorgte. Auch wenn das goldgelb strahlende, bodenständig kräftige Original in Zipf (siehe Bier 68) produziert wird, symbolisiert es mit jeder Pore seines Schaums, wie die neuen Herren über Österreichs Braukonsortium die Zukunft planen. Es ist kein Zufall, dass sie mit dem Brauergenie Martin Simion einen von hier zurückholen, um einen der für alle Zeit verloren geglaubten Gaumenschmäuse und damit die Linzer Brauerei wiederauferstehen zu lassen. 1981 hatte sie die Brau Union abgewickelt. Trotz reger Nachfrage.

Als mit Heineken der zweitgrößte Bierproduzent der Welt 2003 die Brau Union schluckte, versprach er, dauerhaft keinen einzigen Standort zu schließen, ja im Gegenteil bei Qualität und Vielfalt in die Offensive zu gehen. Zwei Kilometer trennen das einstige, 1981 aufgelassene Brauareal von der Linzer Tabakfabrik, die Japan Tobacco International 2009 schloss – acht Jahre nachdem man sie aufgekauft hatte. Dass Martin Simion den Auftrag erhielt, im nächsten Schritt ausgerechnet dort eine Schaubrauerei für weitere Sorten, eine warmherzige Gastronomie und großzügige Räumlichkeiten für Braukurse und Bierseminare einzurichten – erneut zog Heineken in Sachen Symbolik alle Register. Probiert dort das Zwickl! Schmeckt den Österreicher heraus! Das Typische. Denn ein Bier kann nicht lügen. Heineken hat sein Versprechen gehalten. Spätestens jetzt wisst es auch ihr!

**Adresse** Linzer Brauerei, Braugasthaus Zur Liesl und Seminartrakt Hörsaal 0, Tabakfabrik Linz, Peter-Behrens-Platz 1, 4020 Linz, Tel. 06648/00221180 (Braugasthaus), www.linzerbier.at, www.zurliesl.at | **Bierprofil** Original – gebraut in Zipf. Vor Ort gebraut: Zwickl, Edelstahl (Halbdunkles), Pale Ale, Weizen | **Öffnungszeiten** Zur Liesl Mo – Sa 11 – 24 Uhr, So 11 – 15 Uhr | **Tipp** Bevor das Braugasthaus Zur Liesl ihm den Rang streitig zu machen begann, stand das Pöstlingberg-Schlössl – auch in Sachen Bier – unangefochten an der Spitze der Linzer Gastro-Empfehlungen. Es liegt außerhalb, der Ausblick auf die Stadt und die Berge ist kolossal.

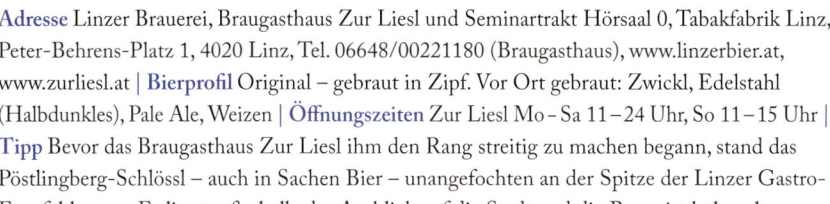

# 52   Karolina
*Unkraut von enormem Wert*

So wohlgesonnen ihnen eine hoch über der Großen Mühl gelegene Lade- und Raststation aus der Ferne zuwinkte, in den Augen der Fuhrknechte vergangener Jahrhunderte war sie immer auch ein Ärgernis. Nicht gut, sich auf den letzten Metern vor Neufeldens lang gezogenem Marktplatz steile Serpentinen hinauf quälen zu müssen! An die Abhänge klammert sich noch heute jenes Handelsgut, dank dem das Städtchen im 19. Jahrhundert europaweit in aller Munde war. Aber nicht nur dort fand der Hopfen, die mit Abstand teuerste Zutat des Biers, optimale Bedingungen. Ein Vorgärtlein genügte, um ein paar Ranken zu kultivieren und am Boom teilzuhaben.

An 26.940 Stangen wurden im Jahr 1846 Pflanzen gezogen. Dass deren verwilderte Nachkommen ein wertvolles Erbe sind, beweist ein sensationell aromatischer heller Bock, der stets im Oktober im Gasthaus der Neufeldner Brauerei angestochen wird – eineinhalb Monate nach der Hopfenernte. Karolina heiß er und erzeugt die Illusion, auf frisch gemähtes Gras gebettet zu sein. Eigentlich müsste sich Braumeister Tobias Pumberger nur mit einem Korb in die Wildnis schlagen, wuchert das Gewürz des Biers in und um Neufelden doch wie Unkraut. Weil in einem zertifizierten Bio-Betrieb, als der die 1523 erstmals urkundlich erwähnte Neufeldner Brauerei nach etlichen Besitzerwechseln, Schließungen und Neuanfängen 2011 reüssierte, aber alles seine Ordnung haben muss, stammt er aus einem eigens angelegten Feld. Für die Karolina werden die Dolden unmittelbar nach der Ernte verarbeitet. Deshalb also kann die einzigartige Leckerei nur einmal im Jahr gebraut werden.

Und die übrigen Monate? Für das Braugasthaus Hopfen und Schmalz zeichnet niemand Geringeres als Philip Rachinger verantwortlich, einer der prominentesten Haubenköche Österreichs. Die Preise sind dennoch volksnah. Aber auch des Zwickls wegen lohnt es sich ganzjährig, dem Auto die Serpentinen zuzumuten.

Adresse Neufeldner Biobrauerei, Bräuhausgasse 3, 4120 Neufelden, Tel. 07282/86927, www.biobrauerei.at, Braugasthaus Tel. 07282/6258, www.hopfenundschmalz.at | Bierprofil Zwickl, Pils, Weizen, saisonal: Karolina, Sommerbier | Öffnungszeiten Braugasthaus Fr–So 12–23 Uhr | Tipp Kommt im edlen Stammhaus des aus dem Fernsehen bekannten Haubenkochs Philip Rachinger, dem unterhalb der Neufeldner Steilhänge gelegenen Mühltalhof, ein Bier auf den Tisch, stammt es selbstverständlich von der Neufeldner Biobrauerei. Reservierung erforderlich (www.muehltalhof.at).

# 53 Urtrunk
*Bayerische Restheimatgefühle*

Alles deutet darauf hin, dass man im beschaulichen, an einer sensiblen Bruchkante gelegenen Neumarkt im Hausruckkreis nicht mehr und nicht weniger durstig ist wie in jenen umliegenden Orten, die ebenfalls auf eine eigene Traditionsbrauerei stolz sein können. Dass die 1.400 Einwohner am 7. Mai 2008 mit offenen Mündern dastanden, hatte einen anderen Grund. Zu lange hatten sie die Gerüchte nicht erst genommen, dass die 1609 gegründete, anfangs im Schaufenster ihrer Heimat, am Marktplatz, residierende, dann in die zweite Reihe übergesiedelte Ritterbräu in Schwierigkeiten steckte. Der an diesem Tag erklärten Insolvenz schlossen sich vier Jahre des Bangens an.

Zu gern hätte Wien 1779 vermeldet, dass jene Bruchkante schnell aus den Köpfen der Menschen verschwinden wird. Bis dahin trennte sie zwei Staaten, deren Großkopferte sich nicht immer lieb hatten. Und mit ihnen zwei Sichtweisen, woran sich ein braver Untertan labt. Es fällt auf, das sich westlich dieser ehemaligen Grenze mehr Brauereien verpflichten, sich wie die – freilich östlich gelegene – Ritterbräu dem bayerischen Reinheitsgebot zu unterwerfen. Nachdem die auf Wein fixierten Habsburger über ganz Oberösterreich bestimmten, propagierten sie dort das Keltern von Most. Wohingegen die Wittelsbacher von der Biersteuer lebten, das Brauwesen hätschelten. Zufall? Oder historische Kontinuität? Erst seit sich 2012 ein Getränkespezialist aus Bayern der Ritterbräu annahm, navigiert sie wieder in sicherem Fahrwasser.

Seither sind sich die Neumarkter bewusst, dass sie mit jedem Wirtshaus- und Supermarktbesuch drüber abstimmen, ob die Mühen des Investors nachhaltig sind. Wer will, kann sich dabei auch der Sehnsucht hingeben, zumindest bis 1779 zu den Drübigen gehört zu haben. Dank der Sorte Urtrunk, die als Reminiszenz an die typisch bayerischen Lager – nahrhaft, malzlastig, dickbauchig – verstanden werden will.

**Adresse** Ritterbräu Brauerei, Bräuhausgasse 1, 4720 Neumarkt im Hausruck, Tel. 07733/75550, www.ritterbraeu.at | **Bierprofil** Urtrunk, Märzen, Anno 1609, Pils, helles Weizen, saisonale Sondersude | **Öffnungszeiten** Rampenverkauf Mo–Do 8–12 Uhr und 13–16 Uhr, Fr 8–12 Uhr | **Tipp** Wer die ehemalige, 1779 zugunsten der Habsburger nach Westen verschobene österreichisch-bayerische Grenze abwandern will: extra hierfür wurde der Granatzweg ins Leben gerufen. Zwar kommt man an keiner Brauerei vorbei, dafür aber an umso mehr urigen Wirtshäusern, die Biere aus der Region ausschenken: www.granatz.com.

## 54 — Kramperlbock
*Wenn die Nacht am längsten ...*

Von einem Geheimtipp zu sprechen, wird einem über dem Westufer des Attersees versteckten, so gar nicht auf Touristenbusse zugeschnittenen Genussrefugium nicht gerecht. Schon zu lange knipsen Ausflügler aus nah und fern das 300 Jahre alte, aus Bruchstein gemauerten Bauernhaus, vor dem die Kaltenböcks Sitzgarnituren ins Gras stellen. Zu Hause werden die Fotos dann wie Trophäen herumgereicht, hat man doch der bis in die Herrgottswinkel hinein vom Kommerz durchdrungenen Traumlandschaft des Salzkammerguts ein Stück originales und authentisches – sprich: bäuerliches – Österreich abgerungen. Die Kaltenböcks agieren bewusst anders. Sie halten Milchkühe, bauen Getreide an, pressen das Obst ihrer Streuobstwiesen wie eh und je zu Most.

Nicht wenige, die im Sommer auf ihrem Hof das selbst gebraute Weizen gekostet haben, können nicht anders. Sie stornierten ihre Winterflucht nach Mallorca, um Anfang Dezember beim Anstich einer Legende dabei zu sein. Volkher Kaltenböcks nachtschwarzes, mit den Aromen von Schokolade gesegnetes, wider Erwarten so überhaupt nicht süßes Nikolausbier ist ein wahres Aromenwunder. Dem studierten Brauer gelingt das Kunststück, die lieblichen Noten von Rosinen, die sich normalerweise bei einem dunklen Bock im Mundraum ihr Plätzchen suchen, einfach wegzulassen. Statt dessen: Kaffee. Ungesüßter, starker, ins Bittere kippender Espresso. Viele Tassen. Denn in den Monaten, in denen sich die Natur schlafen legt, braucht ihr Stellvertreter, der Landwirt, einen Wachmacher. Sie lässt ihn jetzt ja die ganze Arbeit allein machen.

Benannt ist der radikal gute 7-Prozenter nach jenem räudig-rustikalen Kinderschreck, der die Bösen vorübergehend in einen Sack auslagert. Um Nikolaus wird der Kramperlbock via Hoffest angestochen und dann verkauft und ausgeschenkt, bis alles ausgetrunken ist. In etwa so lange, bis der Tag wieder länger währt als die Nacht.

**Adresse** Brauerei Kaltenböck im Genusszentrum mit Mostschenke Zum Hoangarten, Palmsdorf 17, 4864 Attersee am Attersee, Tel. 07666/7003, www.hoangarten.at | **Bierprofil** Kramperlbock, Hoangartenbier, historisches Pfahlbaubier, saisonal Weizen und wechselnde Sondersude | **Öffnungszeiten** Gasthausbetrieb mit Bier- und Mostausschank Anfang März–Ende Dez. Fr, Sa, So, ab 16 Uhr; Bierverkauf außerhalb der Saison auf Anfrage, genauer Termin für den Anstich des Kramperlbocks siehe Website | **Tipp** Wer ein paar Tage am Attersee sowie mit den Bieren der Brauerei Kaltenböck verbringen will, sei hiermit auf den Schneeweiß-Hof mit Pension, Gasthaus und Hofladen verwiesen, der stets alle Sorten vorrätig hat (www.gasthofladen.at).

# 55 India Pale Ale
*Neues für den Mehrheitsgaumen*

Man kann sie nicht oft genug erzählen. Die Geschichte der hellen Biersorte mit der größten Aromendichte. Im 18. Jahrhundert in England erfunden, von den US-Craft-Brewern überarbeitet und Anfang der 2000 Jahre endlich auch in Kontinentaleuropa eingewandert, darf sich eine Genossenschaftsbrauerei aus dem Innviertel das Verdienst auf die Fahnen schreiben, 2012 als erste das Volk der Märzentrinker im großen Stil mit dem Wundertrunk vertraut gemacht zu haben.

Dass auch jene Briten stets einen exorbitanten Durst hatten, die es in die Schatzkammer des Empire, nach Indien, verschlug, ist bekannt. Für die Reeder ein Bombengeschäft. Zumindest theoretisch. Denn die Ales, die die Schiffe in London an Bord nahmen, überstanden die Reise nicht. In den Hafenbrauereien besann man sich auf die konservierende Wirkung von Alkohol. Und des Hopfens. Man braute ein Starkbier, ver-x-fachte den in der Würze mitgekochten Hopfen und stopfte das Fass vor dem Abfüllen mit weiteren Dolden aus. Um sich das Ergebnis vorstellen zu können, muss man jetzt nur noch wissen: a) Hopfen in heiße Flüssigkeit = Bitterstoffe werden frei gesetzt. b) Hopfen in kalte Flüssigkeit = Aromastoffe gehen ins Bier über. Zu einer massiven Herbe addieren sich massive Noten von Litschi, Zitrusfrüchten, Ananas – ein ganzes Obstgeschäft.

Natürlich hat es seine Gründe, dass sich ausgerechnet die Brauerei Ried dem Risiko ausgesetzt hat, die Flexibilität des österreichischen Mehrheitsgaumens mit einem Bier zu erforschen, das nicht jeder beim ersten Kontakt als ein solches identifiziert. Zusätzlich zum Mitte der 1980er Jahre erneuerten großen Sudhaus, verfügt man über eine 300-Liter-Brauanlage. Das India Pale Ale war nicht die erste und auch nicht die letzte Leckerei, mit der die Braumeister Josef Niklas und Gerhard Hörantner aus ihren lieben Innviertlern die Lust an einer neuen Vielfalt herausgekitzelt haben.

Adresse Brauerei Ried, Brauhausgasse 24, 4910 Ried im Innkreis, Tel. 07752/82017, www.rieder-bier.at | Bierprofil India Pale Ale, zwei Märzen, Helles, Zwickl, Pils, Vollbier, Dunkles, Jubiläumsbier, helles und dunkles Weizen, Honigbier, Weißbierböcke | Öffnungszeiten Brauerei-Shop Mo–Fr 7–16 Uhr | Tipp Ried im Inn kann mit einer weiteren Genussadresse erster Güte aufwarten. Im Bierreifekeller des Biergasthofs Riedberg hortet Gastgeber Karl Zuser junior 700 Sorten, die Gesamtauswahl ist geradezu unüberschaubar.

RÖMERHOF (OBERHOFEN AM IRRSEE), RÖMERBRÄU

# 56\_Irrseeer Hell
*Authentisch ist ein Lebensstil*

Ein illustrer Kreis älterer Herren. Nicht allein wegen des Rituals, eine Flüssigkeit erst mit großer Gemächlichkeit in ein Krügerl umzufüllen, um sie dann umso zügiger aus diesem verschwinden zu lassen, steht ihm eine postkartentaugliche Fröhlichkeit ins Gesicht geschrieben. Im kleinen Stüberl der Römerbräu gehört es zum guten Ton, sein ländliches Gemüt eben nicht zu verstecken. Auch wenn sich mancher Tourist unter authentisch dann doch etwas anderes vorstellt.

Gegründet wurde Österreichs erdigste und wohl auch bauernschlauste Brauerei 2014. Dank zweier Schlupflöcher, die die Konstrukteure des Corona-Lockdowns offen ließen, konnte sie die Pandemie so konsequent wie kaum eine andere ins Positive wenden. Knapp vor dem Lockdown hatte Inhaber Joe Schweigerer in Tirol das Sudwerk der in die Insolvenz gerutschten Craft Country Brauerei abgeholt, sie einen Steinwurf von den Resten eines antiken Gutshofs und einer ebenso alten Straße – daher der Name Römerbräu – neu hochgefahren. Ein Kapazitätssprung von drei auf 20 Hektoliter. Aber kein Durstiger durfte das Haus verlassen. Seine Mutter packte einen Hänger mit Kästen voll, spannte den Traktor vor und fuhr so lange die Dörfer ab, bis er leer war. Schnell sprach sich herum, dass man mit dem formidablen Hellen eine Dreingabe mitbekam. Einen Spezialschlüssel, der ein den Medizinern unbekanntes Erweiterungsscharnier des Schluckapparats entsperrt. Vor dem Drive-in-Schalter der Römerbräu, der ein kontaktlose Übergabe erlaubte, staute es sich bis ins benachbarte Salzburger Land. 25 Meter. Das Gehöft liegt quasi auf der Grenze. Oh ja, dieses Bier läuft!

Bleibt, auf eine Besonderheit zu verweisen, die Bände über den Qualitätsanspruch der Römerbräu spricht. Früher in einem Brauereilabor angestellt, verfügt Joe Schweigerer über enorme Erfahrung, die lebendige Grundzutat des Bieres zu bändigen. Er züchtet seine Hefen selbst.

**Adresse** Römerbräu, Römerhof 100, 4894 Oberhofen am Irrsee, Tel. 0664/8929540, www.römerbräu.at | **Bierprofil** Helles, Märzen, Rauchbier, helles und dunkles Weizen, saisonale Festbiere und Böcke | **Öffnungszeiten** Rampenverkauf Mo – Sa. 9 – 19 Uhr | **Tipp** Am Bahnhof des Oberhofener Ortsteils Römerhof lockt das Gasthaus Westbahn, das für seine regionalen Knödelvarianten und seine üppige, handverlesene Bierkarte bekannt ist.

## 57 — Weiße hell
*Zur Erbfolge verpflichtet*

Schamlos, wie die Münchner nun einmal sind, wollen sie uns glauben lassen, dass ihre Stadt und das Weißbier wie zwei Geschwister miteinander groß geworden sind. Dabei ist das Copyright für den Erfrischer gar nicht bei ihnen an der Isar zu verorten. »Inn!« und »Viertel!«. Die Schärdinger Brauerei Baumgartner tat gut daran, dass sie diese beiden Wörter 2015 dann doch nicht über jenen Fluss gerufen hat, der ihr voluminöses Sudhaus vom Ausland trennt. In diesem Jahr ergänzte sie ihr Sortiment um ein geradezu klassisches Weizen. Einem Volksstamm, bei dem es zur Folklore gehört, seinen Maßkrug spontan auf dem Schädel von irgendjemand zu zerdeppern, widerspricht man besser nicht.

Rückblick. 1548. Die Herzöge von Bayern legen sich selbst ein Ei. Sie verleihen den Degenbergern, adeligen Untertanen aus dem Bayerischen Wald, das Monopol, eine jüngst in Böhmen erfundene Biersorte zu brauen. Auf ewig. Beziehungsweise bis zum 10. Juni 1602. Da stirbt der letzte der Degenberger. Die Wittelsbacher reißen das Monopol an sich. Sie beschließen, das Produkt an zwei Brauorten zu optimieren und von dort in die Städte zu karren. Noch 1602 wird das Brauhaus von Mattighofen ausgewählt, um zu testen, wo es sich lohnt, weitere Weiße Brauhäuser zu errichten – und damit zu einem der wahren Geburtsorte des Weizens.

Was diese Geschichte mit dem extrem angenehm säuerlichen, mit reichlich Bananen-Aromen gesegneten Sommermuntermacher aus Schärding zu tun hat? Bis das Städtchen 1779 zu den Habsburgern wechselte, waren seine Wirte verpflichtet, ihr Weißbier ausschließlich aus dem fast 60 Kilometer entfernten Mattighofen zu beziehen. 40 Jahre nachdem die dortige Brauerei ihre Tore schloss, rückte Baumgartner in der Erbfolge der Hüter der Tradition an ihre Stelle. Denn das Schärdinger Weizen ist Rekordhalter. Kein anderes vermochte bei der Austrian Beer Challenge mehr Auszeichnungen einzuheimsen.

**Adresse** Brauerei Jos. Baumgartner, Franz-Xaver-Brunner-Straße 1, 4780 Schärding, Tel. 07712/31190, www.brauerei-baumgartner.at; Brauausschank Bierapotheke, Linzer Tor 1, 4780 Schärding; Braugasthaus Stadtwirt, Knörleinweg 1, 4780 Schärding, Tel. 07712/2828, www.kapsreiter-stadtwirt.at | **Bierprofil** Märzen, Helles, Naturtrübes, helles und dunkles Weizen, Export, Pils, Lager, Braurubin, saisonal: Herbstbier, Bock, Grünhopfenpils | **Öffnungszeiten** Rampenverkauf Mo–Fr 8–12 Uhr und 13–17 Uhr, Bierapotheke Do und Fr ab 17 Uhr, Stadtwirt täglich außer Mi ab 10 Uhr | **Tipp** Am allerbesten schmeckt die Baumgarnter Weiße in einem urigen Wirtshaus mit dem kuriosen Namen Bums'n – dem Stammhaus der Brauerei in der Schärdinger Altstadt: www.bumsn.at.

# 58 Pulverfassl
*Flussfahrt mit Bier*

Ein verträumtes Häusermeer, das sich an einen breiten Fluss schmiegt. In aller Seelenruhe zieht er vorbei. Die Idylle, die die Innstadt Schärding so fest im Griff hat wie Tom Sawyer seine Angelleine, sie trügt. Gleich wird Kapitän Manfred Schaurecker den Salzfürst in die Strömung drehen. Patrouillenfahrt. Das Boot ist mit einen Corps Freiwilliger besetzt. Alles Neulinge. Mit den Realitäten an der österreichisch-bayerischen Grenze nur vage vertraut. Der Kapitän lässt Hakenbüchsen ausgeben. Kaliber 0,5.

Das in nostalgische Bügelverschluss-Flaschen abgefüllte Bier namens Pulverfassl, das Manfred Schaurecker auf seinen Ausflugsschiffen ausschenkt, braut er selbst. Zusammen mit Helga Stiegler, seiner Herrin der Kombüse. Entweder in einer Schärdinger Landstation, dem ehemaligen Gasthaus zur Kanone, oder an Bord. 2014 passte der durchsetzungsstarke Seebär in den Salzfürst eine Sudanlage ein. Man entschied sich für den technischen Stand des 16. Jahrhunderts, eine Schöpfbrauerei. Bei dieser wird die Temperatur der Maische dadurch gesteuert, dass man zur richtigen Zeit einen kleinen Teil in einen zweiten Kessel umfüllt, zum Kochen bringt und dann zurückschüttet. Dreimal am Tag brechen die Schiffe in Richtung Passau auf. In die Gunst, ihm beim Schöpfen der Maische zuzusehen, kommen allerdings nur Gruppen, die das Bierbrau-Spezialangebot gebucht haben.

Der Kapitän macht's vor. Buff – ein Knall. Rauch steigt aus dem Lauf seiner Hakenbüchse, dann eine gelbe Flüssigkeit, die er gekonnt mit einem Glasbehältnis auffängt. Jetzt die Mannschaft. Sie schießt eine Salve ab. Enten steigen auf. Schimpfen aus voller Kehle. Damit das Pulverfassl beim Öffnen ordentlich knallt, den Bayern drüben tüchtig in die Glieder fährt, wird es ordentlich mit Kohlensäure angereichert. Entsprechen kräftig ist sein Schaum, entsprechend cremig ist das Gefühl beim Schlucken. Ah, ist das lecker! Prost!

**Adresse** Kanonenbräu Brauschiff der Innschifffahrt Kapitän Schaurecker, Büro: Leonhard-Kaiser-Weg 1, Anlegestelle: Innlände auf Höhe des Büros, 4780 Schärding, Tel. 07712/7350, www.innschifffahrt.at | **Bierprofil** Lager, zwei Weizen | **Öffnungszeiten** Abfahrtszeiten: nach Saison bis zu dreimal täglich, siehe Website | **Tipp** Im nahen Schardenberg – genauer: in dessen Ortsteil Schönbach – stillt eines der urigsten Lokale Oberösterreichs den Durst nach traditioneller Gastlichkeit, der Wirt z´Kneiding.

## 59 Landbier
*Vom Segen einer Auferstehung*

Eine Katze hat sieben Leben. Erst wenn alle verbraucht sind, heißt es, kann sie in die ewigen Jagdgründe eingehen. Es mag absurd klingen, einen goldgelb schimmernden, toll vollmundigen und wahrhaftig bodenständigen Schluckstoff mit dem Charme eines Stubentigers gleichzusetzen. Bekanntlich rinnt das Kapsreiter Landbier aber mindestens so geschmeidig die Kehle hinunter, wie sich die Samtpfoten durch die Nacht tasten. Daher: Kommende Generationen, seid gemahnt, fürsorglich mit der Traditionsmarke umzugehen. Denn sie hat nur noch wenige Leben übrig!

Dass Michael Kapsreiter 1863 eine der Braustätten seiner Wahlheimat Schärding aufkaufte, weist den in Bayern geborenen Geschäftsmann als einen brillanten Strategen aus. In seinem ersten Leben hatte der Trunk die Aufgabe, den Arbeitern ihren Lohn gleich wieder abzunehmen, die in den Steinbrüchen und auf den Baustellen schufteten, die er sich als weitere Geschäftszweige zulegte. Als Mitte der 1980er Jahre klar wurde, dass der legendäre, heute unvorstellbar große Durst die beiden anderen Sparten aber nicht auf ewig querfinanzieren konnte, kaufte die Brau Union die Sudstätte auf. In ihrem zweiten Leben verteidigte das nun landesweit erhältliche Landbier die Ansicht der Altvordern, dass einem ein gutes Stöffchen ruhig in den Kopf steigen darf, gegen den Trend zum Leichten.

Als sich 1995 eine Großaktionärsfamilie zerstritt, wechselte der Trunk dann – sein drittes Leben – zu einer Holding. Einer Heuschrecke. Dass ihm ein viertes Leben gewährt wurde, hat er einem Handicap zu verdanken. Pläne, ihn in Grieskirchen (siehe Bier 47) nachzubrauen, scheiterten am Charakter des Brauwassers. 2019, sieben Jahre nachdem das Sudhaus abgewickelt worden war: Freudenschreie in Schärding. Die dortige Brauerei Baumgartner, die sich den direkt benachbarten Kapsreiter-Brunnen gekauft hatte, gönnte dem Kultbier eine Auferstehung.

Adresse Brauerei Kapsreiter, Franz-Xaver-Brunner-Straße 1, 4780 Schärding, Tel. 07712/31190, www.kapso.at; Brauausschank Bierapotheke, Linzer Tor 1, 4780 Schärding; Braugasthaus Kapsreiter Stadtwirt, Knörleinweg 1, 4780 Schärding, Tel. 07712/2828, www.kapsreiter-stadtwirt.at | Bierprofil Landbier | Öffnungszeiten Rampenverkauf Mo – Fr 8 – 12 Uhr und 13 – 17 Uhr, Bierapotheke Do und Fr ab 17 Uhr, Kapsreiter Stadtwirt täglich außer Mi ab 10 Uhr | Tipp Im Hinterland von Schärding, in Kopfing im Innkreis, lädt ein Baumkronenweg dazu ein, sich den Wald aus der Perspektive der Eichhörnchen anzusehen. Das dazugehörige Wirtshaus schenkt das Kapsreiter Landbier und das Weizen der Brauerei Baumgartner (siehe Bier 57) aus und pflegt eine exzellente Küche.

SCHLÄGL (AIGEN-SCHLÄGL), STIFTSBRAUEREI SCHLÄGL

# 60 Böhmerwald Zwickl
*Wo der Dichter seinen Segen findet*

»Meine ganze Seele hängt an dieser Gegend«, gestand einer der ganz großen Dichter Österreichs. Mit 600 Litern Bier im Jahr, so liest man es häufig, war Adalbert Stifter (1805–1868), der Porträtist des Böhmerwaldes, kein Kostverächter. Eine gravierende Fehleinschätzung! Sie basiert auf einer Rechnung für Wein, die einer seiner Biografen umbuchte. Einmal angenommen, dass der vielmehr der Völlerei zugeneigte Dichter den Holzfällern ebenbürtig war, die Wien mit Brennstoff versorgten, sind wir bei täglich sechs Litern Bier. 2.190 Liter im Jahr, das kommt der Wahrheit deutlich näher.

Wer wissen will, wie genau der zu Stifters Lebzeiten gebraute, mit einer obergärigen Hefe vergorene Alltagstrunk geschmeckt hat, wird in der letzten echten Klosterbrauerei Österreichs fündig. Wohl 1202 lud der Bischof von Passau den Zisterzienserorden ein, im noch beinahe menschenleeren Urwald oben im Mühlviertel eine Filiale zu gründen. Bereits 1218 übernahmen die Prämonstratenser Chorherren den Konvent. Eine Brauerei lässt sich aber erst seit 1580 nachweisen. Echt, das meint, dass sich die Sudstätte noch immer im Besitz des geistlichen Ordens befindet, und dass zudem unter seiner Aufsicht vor Ort gebraut wird.

Mit Sicherheit: Stifter hätte zuallererst des Besucherzentrum der 1954 an den Rand des Konvents versetzen Braustätte angesteuert. Anstatt das nach ihm benannte Obergärige, hätte er sich aber – wir sind ja in der Gegenwart – den Böhmerwald Zwickl zapfen lassen, jene Sorte, die am klarsten den Segen des bis auf seinen Granitsockel erodierten Böhmerwaldgebirges und seines Quellwassers herausarbeitet. Samtweich bettet sich das aus Gersten-, Weizen- und Roggenmalz zusammengefügte Naturtrübe auf die Zunge. Gefällt dir das?, will der Hopfen wissen. Zärtlich zwickt er den Dichter in die Zunge. Sehr, haucht dieser, und bittet inniglich, bleiben und unter dem Zapfhahn nächtigen zu dürfen.

Adresse Stiftsbrauerei Schlägl, Schlägl 1, Besucherzentrum mit Ausschank und Shop: Schaubergstraße 3, Braugasthaus Stiftskeller, Schlägl 1, 4160 Aigen-Schlägl, Tel. Zentrale 07281/8801221, www.stiftsbrauerei-schlaegl.at, www.stift-schlaegl.at | Bierprofil Böhmerwald Zwickl (Naturtrübes), Adalbert-Stifter-Bier (obergärig), Märzen, Export, Pils, Roggenbier, Sondersude | Öffnungszeiten Besucherzentrum Mo–Fr 9–18 Uhr, Sa 9–13 Uhr, Brauereiführung Mi 10.30 Uhr, Stiftskeller Mi–So 11–22 Uhr | Tipp Dank Biersommelier-Weltmeister Karl Schiffner kommt man auch beim Besuch des Ortes Schlägl wahrlich auf seine Kosten. Sein Biergasthof Schiffner kocht ausgefuchste Biermenüs und hält 500 Biersorten zur Auswahl bereit.

# 61 Meisterstück
*Das beste selbst filtrierte Pils der Welt*

Sehnsuchtsregion Attersee. Auf den Balkonen jeden Morgen dasselbe Ritual: Die Urlauber überstrecken ihre Hälse. Endlich! Ein Regentag! Anstatt ein Alpaka an die Leine zu nehmen, steht daher das unter Kennern begehrteste Erlebnis der Region auf dem Programm. Es wird sich ziehen. Denn eine Führung durch die mit Preisen überschüttete Mikrobrauerei Bierschmiede, mit der sich Mario Scheckenberger 2015 seinen Lebenstraum erfüllt hat, versteht sich inklusive anschließendem Sitzenbleiben. Wer die zehn Stammsorten plus die teils verwegenen Spezialsude probiert hat, die in der urgemütlichen Braustub'n gerade im Ausschank sind, wird sich mit seinem Favoriten so inniglich verbunden fühlen wie ein Kälbchen mit jener Zitze, an der es sich festgesaugt hat. Alles andere als einfach, den Zapfhahn auch für andere freizugeben.

Rückblende. 1999 beginnt Scheckenberger, in seiner Freizeit am perfekten Bier zu tüfteln. Sein Meisterstück, so die Jury der Austrian Beer Challenge, ist ein solches. 2013 kürt sie es zum besten Pils. Noch ahnt niemand, dass sich die spritzig-herbe Blondine fortan Jahr für Jahr auf dem Siegertreppchen wiederfinden wird. 2018: European Beer Star in Gold. Das Meisterstück darf sich jetzt bestes Kellerpils der Welt nennen. Scheckenberger gönnt ihm sechs Wochen zum Reifen. Nach drei Wochen schlaucht er das Jungbier in einen liegenden Tank. Dort haben es jene Trübstoffe, die sich nicht von selbst abbauen wollen, besonders leicht, sich am Boden abzusetzen. Daher wirkt es filtriert, ist es aber nicht.

Last Order auf der Terrasse der Braustub'n. Der See hat die Sonne längst verschluckt. Über so vieles müsste noch erzählt werden. Das sensationelle Dörrzwetschgen-Bier. Den Bockbier-Anstich. Die Speisen. Das Ambiente. Scheckenbergers Großvater, auf den sich der Name Bierschmiede bezieht. Es sollen nicht wenige Urlauber gebettelt haben, einziehen zu dürfen.

**Adresse** Bierschmiede, Seefeld 56, 4853 Steinbach am Attersee, Tel. 0664/5486321, www.bierschmiede.at | **Bierprofil** Meisterstück (Kellerpils), Werkstück (Märzen), Altbayrisch Dunkel, Rauchbier, Halbbock, Honigbock, Weizen, Alt, Baltic Porter, Imperial Stout, wechselnde Sondersude: unter anderem Dörrpflaumen-Bier | **Öffnungszeiten** Braustub'n und Shop Mai – Dez Do – Sa ab 17 Uhr, Juli/Aug. zudem Mi ab 17 Uhr | **Tipp** Ebenfalls nicht nur zur Dekoration gedacht ist das Sudwerk, das sich die Familie Leimer ein Stückerl nördlich des Attersees, in Lenzing, in das Restaurant ihres Hotels hat einbauen lassen. Es ist das Herz ihrer Gasthausbrauerei, der Leimer Bräu.

# 62   Pure Awesomeness
*Quelle des natürlichen Geschmacks*

2014 scannten zwei Doktoranden der Biologie ganz Österreich nach dem optimalen Standort für einen neuen Typ Biermanufaktur ab. Die Eigenschaften dessen, was auf einem 400 Jahre alten Gutshof aus dem Brunnen sprudelte, gab den Anstoß, dass sich Andreas Weilhartner und Christian Semper für das in der hintersten Provinz versteckte, 1.580 Einwohner kleine Tragwein entschieden. Was die mit Abstand voluminöseste Zutat des Bieres betrifft, so ihr Fazit, hat die Natur nun einmal jene Region bevorzugt, die der Volksmund für einen Witz hält. Welcher Verein dort die meisten Mitglieder hat? Der Club der humorgeschädigten Mühlviertler.

Nicht nur für Österreichs Leib-und-Magen-Sorten Märzen und Pils wird weiches Wasser benötigt. Generell gilt: Je heller der Trunk, desto entscheidender sind Werte, wie sie im Mühlviertel die Norm sind. Dann schnalzt der Gaumen. Die Beer Buddies müssen ihr $H_2O$ nicht aufbereiten. Auch nicht für jene Sorte, die sie schon zu Hobbybrauer-Zeiten unter ihren Kommilitonen zur Legende hat werden lassen. Das Pure Awesomeness ist ein strohblondes Obergäriges US-amerikanischen Typs – ein Pale Ale mit souverän klaren, scharf gezeichneten Konturen, das dennoch den Charakter eines Softies besitzt.

Der Hopfen wächst ums Eck. Ebenso die Braugerste. Und ganz nebenbei: Durch Kooperationen mit kleinen regionalen Unternehmen bewahren die Beer Buddies ihre Wahlheimat vor Auszehrung. Zum Beispiel mit einem Bäcker, dessen nicht verkaufte Ware – wie in alten Zeiten üblich – in ein Brotbier verwandelt wird. Das Konzept der Nachhaltigkeit, dank dem sich der Newcomer 2017 Mikrobrauerei des Jahres nennen durfte, war damals im selben Maß revolutionär, wie es Schule machen sollte. Bleiben zwei Wermutstropfen: Christian Semper ist mittlerweile ausgestiegen. Und: Der Charme des bildhübschen Gutshofs wird bald Geschichte sein. 2025 wird man in einen modernen Neubau umziehen.

**Adresse** Beer Buddies, Zeller Straße 44, 4284 Tragwein, Tel. 0676/847265200, www.thebeerbuddies.at | **Bierprofil** Pure Awesomeness (Pale Ale), Märzen, Wiener Lager, Pils, Brotbier, India Pale Ale, Red Ale, Porter | **Öffnungszeiten** Ausschankorte und Verkaufsstellen auf der Website | **Tipp** Die verkannte Schönheit des Mühlviertels entdecken und sich gleichzeitig von der perfekten Qualität des dortigen Nass zu überzeugen, ist ganz einfach: Bei einem Spaziergang entlang jenes Gewässers, das am Gutshof der Beer Buddies vorbei fließt, des Kettenbachs. Schöpfkelle und Fläschchen in den Rucksack packen, das $H_2O$ erst pur, dann in veredelter Form genießen.

# 63 Uttendorfer Pils
*Schwelle zum Elysium*

Unter Biernerds tobt ein grausamer Wettbewerb. Anerkennung findet nur, wer durch Selfies belegen kann, sich diesen und jenen Trunk direkt am Ort seiner Geburt einverleibt zu haben. Dabei würde für den definitiven Beweis, die Spreu all der vielen Köstlichkeiten von den ganz großen Schätzen unterscheiden zu können, nur ein einziges Bildmotiv genügen. Es zeigt eine offene Wirtshaustür. Im Ausschnitt. Ihren Bodenbereich. Einen beigen Stein, den die Schuhsohlen in den gut 400 Jahren, in denen er nur schon als Schwelle zum Elysium dient, weiter und weiter abgerieben haben. Drei Zentimeter tief.

Bekannt ist die wohl 1600 gegründete, 1906 von der namengebenden Familie übernommene, im Zentrum des Innviertels gelegene Brauerei Vitzthum zuallererst für ihr Pils. Braumeister Matthias Vitzthum ist ein beeindruckendes Kunststück gelungen: ein strengwürziges Blondes, das nicht herb wirkt. So behutsam wie eine Zahnarzthelferin, tupfen seine Bitterstoffe den Mundraum trocken, damit ihn der nächste Schluck mit dem Aroma dicker, frisch von der Weide geholter Blumensträuße auskleiden kann. Obwohl jenseits des Radius, in dem es für Brauereien wirtschaftlich Sinn macht, ihre Leckereien selbst auszuliefern, nicht leicht zu bekommen, rangiert es auf den Listen der Experten unter den besten der Welt.

Die Schwelle hinter sich lassen. Dann rechts. In den Gastraum, einen Saal mit kurios hohen Decken. Der schönste in ganz Oberösterreich? Alles ist alt. Der Kachelofen im Winter in Betrieb. Oder ganz bis nach hinten durchgehen. In einen Innenhof mit Arkaden, in dem es auch im Sommer herrlich kühl ist. Wer sich nach dem Pils auch mit dem feinen Märzen vertraut gemacht hat, könnte nach einem Stout rufen. Sollte jetzt ein Hund am Tisch auftauchen: Matthias Vitzthum braut es gelegentlich. In Kleinstmengen. Eigentlich für seine Frau, die ihrem Vierbeiner den Namen ihrer Lieblingssorte gegeben hat.

**Adresse** Brauerei Vitzthum (= Uttendorfer Bier), Brauerei: Uttendorf 25, Braugasthof: Marktplatz 25, 5251 Uttendorf, Tel. Brauerei 07724/2508, Tel. Gasthaus 07724/250824, www.uttendorf-bier.com, www.braugasthof-vitzthum.at | **Bierprofil** Pils, Märzen, Export, Falstaff (Spezial), Premium, Leichtbier, helles und dunkles Weizen, saisonal: Böcke, Stout und andere Sondersude, | **Öffnungszeiten** Rampenverkauf und Braugasthof täglich 9–24 Uhr | **Tipp** Immer auf der Karte des Uttendorfer Braugasthofs zu finden ist eine regionale Spezialität, die aufgrund des ungenierten Einsatzes von Schweinefett vom Aussterben bedroht ist, die Innviertler Speckknödel. Das Wild stammt aus eigener Jagd, die Familie metzgert noch selbst.

# 64 — Baltic Porter
*Schwarz wie ein Kohlebrikett*

Wenn einer seinen Beruf liebt, sind acht Stunden viel zu wenig, um die Hände jetzt schon still zu halten. Robert Pachinger, Braumeister bei der Traditionsmarke Zipfer (siehe Bier 68) ist so jemand. Seine Linke und Rechte wissen, dass die Pause, in der sie auf ein Lenkrad gelegt werden, lediglich 20 Minuten dauert. Dann ist der ins Grün des Hausrucks getupfte Weiler Vorderschlagen erreicht. Ein Schild mit der Aufschrift Pfeiffi's Bräu verkündet, wie es nun weitergeht. Getreu dem Motto: »Ein Brauer, der nicht baut, bald nicht mehr braut«, wird jetzt an einer 300-Liter-Anlage gebastelt.

In die Annalen von Ampflwang, zu dem Vorderschlagen gehört, ist das Jahr, in dem Robert Pachinger begann, auch nach Feierabend am seinem Equipment und dem perfekten Bier zu tüfteln, als bedrückend eingegangen. 200 Jahre lang waren bis zu 3.500 Männer in das örtliche Kohlebergwerk eingefahren. Und jetzt? 1995 war nur eines klar: Neue Jobs fallen nicht vom Himmel.

Wer Pachingers Märzen und Konsorten kosten will, muss zu einem lokalen Vereinsfest kommen. Überregional hingegen ist eine an die britische Braukunst angelehnte Rarität in aller Munde, die er in Flaschen abfüllt. Gern darf man das nachtschwarze, 8,2 Prozent schwere Baltic Porter als Verneigung vor den Kohlekumpeln interpretieren. Entwickelt wurde dieser Biertyp, als es galt, das Arbeiterheer bei Kräften zu halten, das das 1666 vom Großen Feuer zerstörte London wieder aufbaute. Eine stärkere Variante ernährte später die im Baltikum stationierten Soldaten. Feine Kakao- und Röstnoten. Kaffee. Dörrpflaumen. Aber die typische, oft als störend empfundene Schärfe des Alkohols: Fehlanzeige. Sieger bei der Austrian Beer Challenge. Und das nicht nur ein Mal. Denn dieses Baltic Porter schmeckt auch jenen, denen diese Sorte eigentlich zu süß ist. Zu sättigend. Am besten als Begleiter zu Marillenknödeln und verwandten Mehlspeisen...

**Adresse** Pfeiffi's Bräu (= Brauerei Pachinger), Vorderschlagen 19, 4843 Ampflwang, Tel. 0664/5340771, www.pfeiffis-braeu.at | **Bierprofil** Baltic Porter, Märzen, Kellerpils, Pils, Weizen, India Pale Ale, Honigbier | **Öffnungszeiten** Besuch nur zur Abholung einer Bierbestellung möglich | **Tipp** Ein Besuch im Ampflwanger Eisenbahn- und Bergbaumuseum, das die Geschichte der Kohlekumpel an einem Originalschauplatz lebendig hält, ist die perfekte Einstimmung auf Robert Pachingers Baltic Porter.

# 65 Hofbier
*Hier ist alles selbst gebaut*

Als der Herrgott mit dem Westteil Österreichs eines seiner Meisterstücke vollendet hatte, musste er leider feststellen: doch nicht perfekt. Ein Höhenzug war ihm übrig geblieben! So kam es, dass er zwischen dem Salzkammergut mit dem Attersee und der milden Wildheit des Bayerisch-Böhmischen Walds eine Landschaft einfügte, die der Tourismus bis heute ignoriert. Der Verweis auf Aussichtspunkte, von denen aus man sich in all die spektakulären Kulissen da hinten in der Ferne fort träumen kann, lockt nun einmal nur schwerlich Besucher an.

Dass sich das Image des Hausrucks zumindest unter Freunden echt handwerklich erzeugter Biere in den letzten Jahren radikal gewandelt hat, ist dem Schlosser, Landwirt und Genussmenschen Thomas Preuner zu verdanken. Genauer: seinem Spaß am Basteln und am Ausprobieren. 2011 schweißte er sich – ein neues Hobby – ein Sudwerk zusammen. Noch im selben Jahr: ein erster Platz bei der Staatsmeisterschaft der Haus- und Kleinbrauer. Mit einer zweiten, auf 250 Liter ausgelegten Brauanlage eröffnete er 2013 offiziell ein neues Kapitel der langen Geschichte des elterlichen Bauernhofs. Seither gilt die Devise: Hat man es nicht mindestens einmal in den 40 Seelen kleinen Weiler Vordersteinig hinaus und dort in den Innenhof des burgartigen Ensembles hinein geschafft, das die Familie seit 1789 bewohnt und bewirtschaftet, war der Sommer kein guter.

Das Hofbier, ein unfiltriertes Märzen mit einem opulenten Körper, dem der großzügig eingerührte Hopfen einen beherzt fröhlichen, ja aufmüpfigen Charakter verleiht: bodenständig, typisch, schnörkellos. Läuft! Dazu eine Jause, zu der ein Bauernbrot gereicht wird, das diesen Namen auch wirklich verdient. Mutter Preuner backt es selbst. Obwohl die drei Sorten der Ramp'n Bräu nur von Mai bis Oktober und nur vor Ort zu haben sind, ist längst eine dritte, noch einmal größere, erneut selbst gebaute Anlage in Betrieb.

**Adresse** Ramp'n Bräu (= Hofbrauerei Preuner), Vordersteining 5, 4873 Frankenburg, Tel. 0676/7936423, www.rampn-braeu.at | **Bierprofil** Hofbier (Märzen), Weiße, Grizzly (dunkles Ale) | **Öffnungszeiten** Mai – Okt. Do, Fr, Sa ab 16 Uhr | **Tipp** Ein nicht minder überzeugendes Argument für einen Besuch des kleinen Marktflecks Frankenburg, zu dem Vordersteinig gehört, ist das alle zwei Jahre aufgeführte »Frankenburger Würfelspiel«. Einer der 400 Laien, die den lokalen Bauernaufstand von 1625/26 nachstellen: Thomas Preuner.

# 66 Bio Mystique
*Der flüssige Rubin*

Bis es dem Haus Habsburg 1779 gelang, sich das Innviertel als westlichen Vorgarten zuzulegen, waren die Fuhrknechte, die aus Salzburg in Richtung Passau aufbrachen, nach gut 30 Kilometern gezwungen, die Hosen herunterzulassen. Die Burg Wildshut, an der Bayern begann, drohte Zollprellern, sie unverzüglich aus dem Verkehr zu ziehen. Die Brauerei der einstigen Grenz- und Gerichtsbastion ist seit 2012 wieder in Betrieb. Diesmal allerdings nicht, damit Normalbiertrinker dort an ihr täglich Quantum kommen.

Seit 1990 leitet Dr. Heinrich Dieter Kiener die Salzburger Familien- und Großbrauerei Stiegl. Sein Steckenpferd: Nachhaltigkeit. Als er das 1917 von seinen Ahnen aufgekaufte Wirtschaftsgut der Burg neu belebte, setzte der Querdenker dort seine Vision einer ressourcenschonenden, werteorientierten Ökonomie um. Das Stiegl-Gut Wildshut – Brauerei, Brennerei, Gast-, Übernachtungs- und Tagungshaus – wirtschaftet autark. Hopfen und Braugerste werden selbst angebaut. Was auch immer die Köche in edle Gerichte verwandeln, hat man selbst gezogen. Da das Gut ausschließlich Bio-Qualität produziert, ist es auch eine Forschungsstelle für alte Anbaumethoden, Tierrassen und Gemüsesorten. Und eben auch Österreichs Arche für historische Biersorten. Zum Beispiel für die Familie der Sauerbiere.

Überall im Norden Europas war es vom Mittelalter bis weit ins 19. Jahrhundert Usus, dass sich die Menschen mit einem Getränk berauschten, bei dem Wildhefen, die sich an den Schalen von Weintrauben bilden und mit dem Wind verbreiten, die Gärung in Gang brachten. Sie gaben dem Bier einen Milchsäure-Charakter. Mit dem rubinroten, fruchtigen, aufwendig in Eichenholzfässern ausgebauten Mystique schreibt das Stiegl-Gut Wildshut die Tradition einer belgischen Variante fort, des Flanders Red Ale. Ein himmlisch ungewohntes, prickelndes Aha-Erlebnis! Macht lustig? Oh ja! Und mundet faszinierend anders!

Adresse Stiegl-Gut Wildshut, Wildshut 8, 5120 St. Pantaleon, Tel. 06277/64141, www.wildshut.at | Bierprofil Bio Mystique (Flanders Red Ale), Bio-Perlage (Brut de Biére), weitere siehe nächste Doppelseite | Öffnungszeiten Gaststätte und Gutsladen Mo 17–22 Uhr, Di–So und Feiertage 10–22 Uhr | Tipp Eine Terrasse direkt am Badestrand des nahen Höllerersees ist ein bestechend gutes Argument für das Heurigen-Gasthaus Sam's Stubn. Neben den regionalen Schmankerln: www.sams-stubn.at.

# 67 — Gmahde Wiesn
*Sudhaus mit Kräutergarten*

Dem Genuss der extravaganten Wildshuter Schätze ist stets ein kleiner Spaziergang vorgeschaltet. Das hat einen tieferen Sinn. Laufen hält uns Menschen fit. Ob man sich nun vom Haltepunkt der Salzburger Lokalbahn oder vom Parkplatz dem bäuerlich-idyllischen Häuschen mit den Zapfhähnen nähert, in beiden Fällen heißt es, zunächst einen weitläufigen Hof hinter sich zu bringen. Er hält die Hektik der Außenwelt auf Abstand.

Tipp Nr. 1: Auf dem einstigen Abstell- und Rangierplatz für Ochsen- und Pferdegespanne einen Umweg einlegen: Nach ganz rechts hinten zu einem geduckten Bau – einer Erdmiete, in der vier Quevris vergraben sind, Tonamphoren, die schon in der Antike für Bier verwendet wurden. In Georgien werden sie noch heute unverändert gefertigt. Jedes Jahr an Michaeli (29. September) befüllen sie die Brauer des Guts, Markus Trinker und Sebastian Essl. Bis Georgi (23. April) darf der Versuch, das erste Bier der Menschheitsgeschichte zu rekonstruieren, dann in ihnen reifen.

Tipp Nr. 2: Es empfiehlt sich, den Genussteil des Besuchs mit einer anderen Kreation zu eröffnen, der Gmahden Wiesn. Und – nicht minder himmlisch – als Speise Schnecken zu ordern. Die einst alltägliche Delikatesse wächst hinter der große Scheune heran, bei der die Quevris vergraben sind – und direkt neben ihr die entscheidende Zutat für die Rekonstruktion eines Gruts. Dass Bier ausschließlich mit Hopfen gewürzt wird, ist eine Erfindung des ausgehenden Mittelalters. Bis ins 16. Jahrhundert verwendete man allerlei Kräuter. Ihr Mix war regional streng geregelt. Auch, um psychoaktive Pflanzen wie Stechapfel aus dem Trunk herauszuhalten. Das Erstaunliche: Schmeckt gar nicht fremdartig …! Als wäre das Aroma, das im keltisch-slawischen Mitteleuropa schon vor 3.500 Jahren in aller Munde war, auf unseren Genen gespeichert. Der Gaumen versinkt in Nostalgie. Verblüffend. Irritierend. Hochgradig spannend.

**Adresse** Stiegl-Gut Wildshut, Wildshut 8, 5120 St. Pantaleon, Tel. 06277/64141, www.wildshut.at | **Bierprofil** Gmahde Wiesn (Grutbier nach Art eines Saison), Hopfenherz (Kellerbier), Malzreigen (Dunkles), Sortenspiel (Urgetreide Cuvée), Antique (Urbier) | **Öffnungszeiten** Gaststätte und Gutsladen Mo 17–22 Uhr, Di–So und Feiertage 10–22 Uhr | **Tipp** Läuft man vom Besucherparkplatz auf Wildshuts Hauptverkehrsader in Richtung Burg, ohne die Straßenseite zu wechseln, führt an dessen Ende ein Pfad nach links in die Tiefe. Er führt zum Eiskeller der ursprünglichen Brauerei, in dem das Gut Biere im Holzfass reifen lässt. Besichtigung erwünscht!

# 68 Zipfer Urtyp
*Das Versprechen, das hält*

Die dunklen Wolken, die sich vor acht Jahrzehnten über die größte Brauerei Oberösterreichs schoben, werden sich nicht mehr vertreiben lassen. Das Management der 1858 aus einem Gasthaus hervorgegangenen, schon 1921 in eine Aktiengesellschaft umgewandelten und 2003 schließlich im Heineken-Konzern aufgegangenen Kultmarke tut daher gut daran, offen mit der NS-Zeit umzugehen. 1943 beschlagnahmte das Rüstungsministerium das weitläufige Kellersystem, das man 1892 als natürliches Kühllager in den Berg getrieben hatte. Jetzt testeten und montierten dort bis zu 1.900 Häftlinge eine Wunderwaffe, die Rakete V2. Direkt neben der Brauerei, die zur Tarnung schwarz überstrichen werden musste, gab es ein KZ. Überlebenschance: minimal.

Bereits Monate vor der Befreiung komplett stillgelegt, gelang der Brauerei Zipf in den 1950er Jahren ein phänomenaler Neustart. Der neue Leiter, Fritz Kretz, beschloss, die Not zu einer Tugend zu erheben, nur auf Zutaten zugreifen zu können, die in der Region angebaut wurden. 1958 präsentierte er das Ergebnis seiner Suche nach dem optimalen Zusammenspiel des weichen Wassers, das aus zehn über das Brauereigelände verteilen Brunnen sprudelte, dem damals noch selbst hergestellten Malz und dem Mühlviertler Hopfen. Aber erst 1967, als die Wirte ihren Stammtischbrüdern erstmals statt des Exports den neuen, goldgelben, glanzfein filtrierten, schlanken, elegant herben, noch einmal einen Tick würzigeren Urtyp zapften, war sie beendet.

Als Heineken 2003 Zipf übernahm, musste der Konzern versprechen, Qualitätsstandards wie die regionale Herkunft der Zutaten und die Rezepturen nicht anzutasten. Selbst am teuersten, aber halt auch entscheidenden Detail wurde bis heute nicht gerüttelt. Die vier Hopfensorten – Magnum, Perle, Tettnanger und Spalter Select – kommen als getrocknete Dolden in den Sudkessel. Und nicht wie andernorts als Pellets oder gar als Essenz.

**Adresse** Brauerei Zipf, Zipf Nr. 22, 4871 Neukirchen an der Vöckla, Tel. 0810/2069797, www.zipfer.at; Braugasthaus Tel. 07682/20380, www.brauhaus-zipf.at | **Bierprofil** Urtyp, Märzen, Kellerbier, Pils, Sparkling, Doppelgold, Leichtbier, saisonal: Weihnachtsbock, Osterbock | **Öffnungszeiten** Rampenverkauf Mo–Do 9–12 und 13–17 Uhr, Fr bis 18 Uhr; Braugasthaus Di–Fr 10–22 Uhr, Sa 16–22 Uhr, So und Feiertag 10–20 Uhr | **Tipp** Jedes Jahr im Juni verausgaben sich beim ZipfAir Music Festival 30 angesagte Bands. Auf drei Bühnen, die über das Brauareal verteilt sind.

## 69 Phönix aus der Asche
*Das Bier, das fast ein Whisky ist*

2015 ging in die Musikgeschichte als jenes Jahr ein, in dem Lemmy Kilmisters bekannt gab, fortan auf Whisky zu verzichten. Kaum ein Fan, der sich nicht der Überzeugung anschloss: Sein Ende ist nahe! Einen Monat später: Hans Peter Hochstaffl, der wie der Mastermind von Motörhead sein Haar als Mähne trägt, lässt in Bruck an der Großglocknerstraße seinen ganz persönlichen Phönix aus der Asche steigen. Wo noch am 10. April 2014 die Produktions- und Verkaufshalle der Kerzenwelt die Herzen der Touristen hatte höher schlagen lassen, eröffnet er eine Mikrobrauerei. Ein Feuer, das von Tausenden Stangen Wachs gespeist wurde, hatte erst einmal Platz für Neues schaffen müssen.

Schon damals war der Staffl bestens in der Biercommunity vernetzt. Dies allein erklärt aber nicht, weshalb seine Pinzgau Bräu über Nacht zu einer Legende aufstieg. Ursprünglich Kfz-Mechaniker, entdeckte er bei der Lektüre einer Brauratgebers seine wahre Leidenschaft. Er ließ sich vom Salzburger Sudhaus »Die Weiße« umschulen und für die nächsten 13 Jahre als Brauer anstellen. Damit dürfte das Faible der Pinzgau Bräu für selbst gezüchtete Hefestämme und die Praxis erklärt sein, allen Sorten eine Flaschengärung zukommen zu lassen. Beim Abfüllen wird eine sogenannte Speise zugegeben. Diese setzt einen zweiten, siebentägigen Gärprozess in Gang.

Zurück zum Whisky … der bei Licht betrachtet ja nichts anderes als ein destilliertes Bier ist. Für seinen signifikantesten Trunk, dem Phönix aus der Asche, arbeitet Hochstaffl mit einem Malz, das über einem offenen Torffeuer gedarrt wird. Es verleiht dem glutrot funkelnden Red Ale eine zart rauchige Note. Weitere geschmackliche Details dürften sich alle, die je an einem Scotch genippt haben, leicht selbst ausmalen können. Lemmy Kilmister mal ausgenommen. Der hatte der eingangs erwähnten Verzichtserklärung damals nachgeschoben, auf Wodka umgestiegen zu sein.

**Adresse** Pinzgau Bräu, Glocknerstraße 60 A, 5671 Bruck, Tel. 0676/5655220, www.pinzgau-braeu.at | **Bierprofil** Phönix aus der Asche (Ale), Zwickl, helles und dunkles Weizen, Bock | **Öffnungszeiten** Rampenverkauf Mo–Fr 8–12 Uhr | **Tipp** Vorsicht, es besteht Verwechslungsgefahr! Die Pinzga Bräu – ohne u am Ende – ist die Gasthausbrauerei des Grand Hotel Zell am See.

## 70  Steinbier
*Süße Grüße nach Kärnten*

Seit Reinhold Bartas seinen Job bei der Stieglbrauerei gegen eine eigene Biermanufaktur eintauschte, hat er die Definition, was ein gutes Bier ist, so oft neu erfunden, dass man sich nicht entscheiden kann, welcher seiner gut 25 Spezialitäten man denn zuerst den Kronkorken vom Hals lösen soll. Kaum eines, das nicht eine Medaille umgehängt bekommen hat. Musste er sich im Gründungsjahr 2007 noch mit nur einer Auszeichnung begnügen, fanden sich 2020 zwölf, 2021 sechs und 2022 neun Leckereien seines Brauhaus Gusswerk auf einem Siegertreppchen.

Bewusst hatte sich der vom Gault Millau 2017 zum Braumeister des Jahres gekürte Bierkünstler selbst etliche Hürden in den Weg gestellt. In seinen Sudkessel, den er zunächst auf dem zur Eventlocation umfunktionierten Areal der Salzburger Glockengießerei Oberascher aufstellte, dürfen ausschließlich Zutaten, die nach der strengsten aller Bio-Richtlinien zertifiziert sind: Demeter. Bei Gerste: teuer, aber easy. Aber Bartas dachte halt auch an Biere mit seltenen Urgetreiden, Früchten und Gewürzen. 2013 übersiedelte die erste biodynamische Brauerei der Welt ins Salzburger Hinterland. Das Brauwasser enthält dort so viel Kalk, dass es für ein Pils oder Märzen denkbar ungeeignet ist. Obwohl sich Bartas eine Aufbereitung verbietet, gelingen ihm auch helle Klassiker aufs Prächtigste.

Vor allem, aber bei weitem nicht nur, für geschichtsbewusste Kärnter interessant sein dürfte das Steinbier. Es wird mit einer Methode gekocht, die die Menschheit nutzt, seit sie sich am Lagerfeuer versammelt. Aus den Brauhäusern verschwand sie im Mittelalter. Außer in Kärnten. Dort legten die Biersieder noch nach dem Ersten Weltkrieg Steine ins Feuer, um sie – glühend heiß – in einen Bottich mit Wasser, das schlagartig aufkocht, und Malz zu werfen. Da an den Steinen Zucker karamellisiert, gibt man sie später mit in den Reifetank – einem Hauch Süße wegen.

**Adresse** Brauhaus Gusswerk, Römerstraße 3, 5322 Elsenwang (Hof bei Salzburg), Tel. 06229/39777, www.brauhaus-gusswerk.at | **Bierprofil** Steinbier, Helles, Märzen, Zwickl, Pils, Amber Ale, Red Ale, India Pale Ale, Honigbock, insgesamt rund 25 teils saisonale, teils unregelmäßig gebraute Klassiker und Kreativbiere | **Öffnungszeiten** Rampenverkauf Mo – Do 7 – 16 Uhr, Fr 7 – 13 Uhr; Brewpub Mo – Fr ab 11 Uhr, Sa ab 16 Uhr | **Tipp** Die in Faistenau 20 Kilometer östlich von Salzburg gelegene Bramsau-Bräu ist ein Genussparadies für die ganze Familie: ein großes Spielareal für die Kleinen, ein grandioser Ausblick auf die Berge für alle und selbst gebrautes Bier für die Großen.

GRIES (BRUCK AN DER GROSSGLOCKNERSTRASSE), KOHLSCHNAIT BRÄU

# 71 Weizen
*Die Kunst, dem Tourismus eine Seele zu geben*

Eine nur dreißig Minuten kurze, aber recht strapaziöse Wanderung trennen das Urlaubsrelais Bruck – besser bekannt als das Tor zur Großglocknerstraße – vom wahrsten aller Paradiese, mit denen das an touristischen Superlativen nicht wirklich armen Pinzgau die Massen begeistert. Man kann die knapp 150 Höhenmeter hinauf zu jenem Bergbauernhof, dessen Wirt sein Bier selbst braut, aber auch im Auto absolvieren. Zumindest in der Sommersaison, wenn es im Kohlschnait Hof vergleichsweise gemütlich zugeht und Robert Eder gelegentlich noch etwas Zeit findet, seinem Hobby nachzugehen, dem Drechseln.

1969 beschloss die Familie Eder, an die der uralte Kohlschnait Hof 1912 übergegangen war, es mit diesen merkwürdigen Fremden zu probieren, die es als ein Vergnügen ansahen, über Stunden im steilen Gelände herumzutappen. Im Winter 1970 stellten sie für die Verrückten dann 15 Schlitten bereit – der Ursprung ihrer drei Kilometer langen, dank Beleuchtung auch nachts gut frequentierten Rodelbahn. Das selbst gebraute Bier kam erst 2007 zu all dem anderen dazu, dessen Ineinander garantiert, dass dieses Ressort auch an den Tagen des Massenansturms nie zu einem seelenlosen Pfuhl des Massentourismus mutiert.

Obwohl das urtypische, nur leicht hopfige, ungemein erfrischende helle Weizen noch im Gründungsjahr einen Staatspreis einfuhr, begnügt sich die Kohlschnait Bräu mit dem Status eines Geheimtipps. Danke! Denn sonst könnten sich Robert und Elisabeth Eder ja nicht mehr um all die anderen Details kümmern. Das Brot, das zum selbst geselchten Speck gereicht wird: ein Traum, weil selbst gebacken. Überhaupt mit Lob zu überschütten: die Küche. Sogar die Landwirtschaft hat man nicht ganz aufgegeben. Schafe schlagen sich den Bauch mit Bergkräutern voll. Esel und Ziegen genießen die Ruhe, die am Ende der Sommersaison vorübergehend einzieht. Dutzende Gänse aber freuen sich so gar nicht auf Martini.

**Adresse** Kohlschnait Bräu (= Gasthausbrauerei des Kohlschnait Hofs), Niederhof 3, 5662 Gries (Bruck an der Großglocknerstraße), Tel. 06545/6112, www.kohlschnait.at | **Bierprofil** Weizen (hell und dunkel), Kellerbier (unfiltriertes Märzen), Red Ale, saisonal: Dinkel-Weizen, Holunderblüten-Weizen, India Pale Ale, Stout, Böcke | **Öffnungszeiten** Gasthaus in der Saison Mi – So und Feiertag ab 11 Uhr | **Tipp** Ob der Vielzahl der Attraktionen geht ein heimliches Highlight des Kohlschnait Hofs leicht unter. Das hauseigene Motorsägen-Museum erinnert an die vortouristische Winterhaupteinnahmequelle, die Waldarbeit.

## 72 Spezialitäten-Manufaktur 1475 Pale Ale
*Hier weht ein eisiger Wind*

Mag sich das Bräustübl auch noch so überzeugend darum bemühen, den Anschein eines lebendigen Braustandorts aufrechtzuerhalten. So gut seine in die Gaststuben eingepasste Sudanlage auch aussieht, keine der mit ihr produzierten Leckereien wird je das Wunder vollbringen, dass man sich mit ihm den gegenwärtigen Status des Gesamtareals schöntrinken kann. Weit über 600 Jahre lang stand die Hofbräu Kaltenhausen da wie ein Monolith. Groß wie ein Dorf, ja eine Kleinstadt. In Spitzenjahren 250.000 Hektoliter Ausstoß. Dann, 2011: Ende und Aus! 2016 Teilabriss. Stopp der bereits begonnenen Umwandlung in ein Bier-Innovations- und Bildungszentrum.

Den Standort am Fuß der Barmsteine, für den sich Salzburgs Bürgermeister Hans Elsenheimer 1475 entschieden hatte, zeugt von einer genialen Gabe, Eskapaden der Natur zu erkennen und zu nutzen. In den beiden Kalksteinzacken, die direkt hinter dem ältesten erhaltenen Gebäudekomplex bis auf über 840 Meter aufsteigen, verbirgt sich ein Höhlensystem, durch das kontinuierlich kalte Fallwinde ins Brauhaus einströmen. Damit verfügte die Hofbräu Kaltenhausen bereits im Mittelalter über eine Kühltechnologie. Das Pale Ale des Bräustübls ist eine Reminiszenz an die Brauweise der Anfangszeit. Obergärig. Spritzig. Fruchtig. Aber problematisch, was die Haltbarkeit betrifft. An untergärige Sorten, die nur bei konstanten vier bis acht Grad Celsius wunschgemäß vergären, wagte man sich erst 1646.

Warum auch immer, verzichtet man an diesem traurigen Ort obendrein darauf, an den Weltstar Helmut Berger zu erinnern. Vielleicht, weil man mit dem eigenen Glamour und nicht minder tiefen Fall genug zu kämpfen hat. Die Eltern des Schauspielers, der Anfang der 1970er Jahre neu definierte, was eine wahre Diva ist, betrieben das Bräustübl in den 1950er Jahren. Die Brauerei war sein Spielplatz.

Adresse **Bräustübl Kaltenhausen mit Gasthausbrauerei Spezialitäten-Manufaktur, Salzburger Straße 67, 5400 Hallein, Tel. 06245/80233, www.kaltenhausen.at, www.braeustuebl.at** | Bierprofil **Pale Ale, Export, Kellerbier, saisonale Sondersude** | Öffnungszeiten **Bräustübl täglich ab 11 Uhr, Führung durch das ansonsten geschlossene Biermuseum Do 18 Uhr (Voranmeldung erforderlich, siehe Website)** | Tipp **Im nahen Bad Vigaun ist man stolz, mit der Rolbrettbräu zumindest eine lokale Gipsy-Brauerei im Ort zu haben. Georg Hagn und Roland Hallinger mieten sich in Brauhäusern ein, um ihre zu Hause ausgetüftelten Rezepte in einer wirtschaftlich sinnvollen Menge umzusetzen.**

## 73 Milk Way
*Ein gezapftes Dessert*

Frage: Wie war das noch mal mit den Schäflein des Salzburger Erzbischofs, Napoleon und den Staatszugehörigkeiten nach den Aufständen von 1809? Wer es weiß, darf sich ein Bier aus den Kühlschrank nehmen! Die Bewohner des berühmten Pinzgauer Urlaubsorts Krimml zum Beispiel: Viel hat nicht dazu gefehlt, dass bei ihnen der Treueschwur auf den König von Bayern und damit das bayerische Reinheitsgebot auf Dauer installiert worden wäre. Mit unschönen Folgen bis in die Gegenwart. Wer erinnert sich nicht an die Posse um das Milk Stout der oberbayerischen Camba Bavaria? Als österreichische Brauerei hätten sie die einst in Großbritannien ganz alltägliche Leckerei 2016 nicht in den Ausguss kippen müssen, nur weil bei ihr auch Milchzucker auf die Zutatenliste gehört.

Manfred Opresnik dürfte den Vorteil des österreichischen Lebensmittel-Codex besonders zu schätzen wissen, der neben Wasser, Malz, Hopfen und Hefe auch andere natürliche Zutaten erlaubt. Im Gegensatz zu Bayern aber nicht, Plastikkügelchen ins Bier zu kippen, um es zu klären – sofern sie hernach wieder herausgefiltert werden.

2008 erweiterte Opresnik die Ferienpension, die er und seine Frau in Krimml betreiben, um eine Ein-Mann-Brauerei. Ihr Namensgeber, der in Krimml aufgewachsene Anton Wallner, hatte den Anschluss des Pinzgaus an Bayern 1810 bis 1816 mit Waffengewalt zu verhindern versucht. Exotische Zutaten lehnt Opresnik ab. Es sei denn, dass sich in ihnen die Region widerspiegelt. Milch war zur Zeit Anton Wallners das Einzige, von dem sie hier hinten im Talschluss mehr hatten, als sie selbst verbrauchen konnten. In Großbritannien gab man sie damals mit in den Sudkessel, wenn eine Sorte an die Reihe kam, die speziell für stillende Mütter produziert wurde. Wie heute üblich, beschränkt sich Manfred Opresnik bei seinem Milk Way auf Milchzucker. Er wird bei der Vergärung nicht abgebaut. Eine sämigsüße Sünde. Mehr ein flüssiger Nachtisch als ein Getränk.

**Adresse** Anton Wallner Bräu im Gästehaus Waltl, Oberkrimml 118, 5743 Krimml, Tel. 6564/72950, www.krimml.com, www.antonwallner-biershop.at | **Bierprofil** Helles, Weizen, Milk Way (Milk Stout), Zirbelzapfen-Bier | **Öffnungszeiten** Bräustüberl täglich außer Do ab 16 Uhr | **Tipp** Berühmt ist Krimml vor allem für seine Wasserfälle – die größten Österreichs. Sie zu erwandern und anschließend den Gaumen den Segen schmecken lassen, den das Gebirgswasser für Bier bedeutet: ein hoch empfehlenswertes Tagesprogramm.

## 74\_Jaga
*Wuchtig wie seine Landschaft*

Bierreisende folgen gewöhnlich anderen Routen als die Busse, in denen sich Wandervereine und Skihaserln zu den für ihre Zwecke kompatiblen Schätzen Österreichs chauffieren lassen. Mit jährlich 1,5 Millionen Übernachtungen mag das hochalpine Lungau, der südöstliche Außenzipfel des Salzburger Lands, eigentlich keine Werbung nötig haben. Wie man hört, besitzt es aber halt auch keine nennenswerten Brauereien. Umso dringender der Aufruf, sich ins bildhübsche, von einer spektakulär schönen Burg bewachte Mauterndorf aufzumachen.

Siegerehrung bei der Austrian Beer Challenge 2023. Christian Mauser nimmt die Urkunde für Österreichs besten Bock entgegen. In der Lederhose. Ein Bild, das Bände spricht. 1851 übernahmen seine Vorfahren im Zentrum von Mauterndorf ein stattliches Gasthaus mit einer – für die Region – nicht minder stattlichen Brauerei. Im Ersten Weltkrieg musste sie aufgeben. Der Urenkel des letzten Bräus schlägt seiner Hochschule ihre Wiederbelebung als Studienprojekt vor. Zwei, drei Sorten. Mehr nicht. Diese dafür mit dem Anspruch, die Eigenheiten einzufangen, die sich das erst spät vom Tourismus entdeckte Zubringertal zum Tauernpass bewahrt hat. Vater Hubert packt der Ehrgeiz, der Landwirt will die Braugerste den widrigen Bedingungen des Lungau abtrotzen und die Kultivierung von Hopfen reaktivieren.

Riechen. Mm! Waldhonig. Nippen. Im Mundraum macht sich ein stämmiger Malzkörper breit. Typ Holzfäller. Ein Kraftprotz. Halt aber auch ein ganz süßer Kerl. Eine knackige, gut durchtrainierte Hopfenbittere schleicht sich dazu, zettelt eine Rauferei an. Die Wucht von 7,5 Prozent Alkohol, gepaart mit der Hemmungslosigkeit sich zankender Geschwister. Tannennadeln. Harz. Brotkruste. Edle, aus Venedig herauf gekarrte Kuchengewürze. Säuerliche Bauernäpfel. Die Aromen des alpinen Alltags und der gen Salzburg ziehenden Fuhrwerke. Perfekt ineinander gewoben.

**Adresse** Mühltaler Brauerei, Gasthof Mauser-Mühltaler, Markt 86, 5570 Mauterndorf, Tel. 0664/4523817, www.mühltaler.at | **Bierprofil** Jaga (Bock), Märzen | **Öffnungszeiten** keine geregelten Besuchszeiten, Direktverkauf und Stüberl sind tagsüber stets zugänglich | **Tipp** Der Gasthof Mauser-Mühltaler ist auf Jugendfreizeiten spezialisiert, wer sich nicht traut, sich dennoch auf ein Jaga in das Stüberl zu setzten, findet auf der Brauereiwebsite alternative Mautendorfer Ausschanklocations. Im Lungau lohnen sich zwei weitere Brauereien: Katschbeer in Katschberghöhe (www.stamperl-katschberg.at) und die winzige Mandlbräu des gleichnamigen Cafés (Marktstraße 10) in Sankt Michael.

## 75\_Kiesbye's Waldbier
*Du sollst dir ein Bildnis machen*

Der perfekte Begleiter zu Wild. Wie die Tierchen, die man sich sonntags gern auf den Teller legt, mit den Aromen des Waldes gemästet. So könnte eine der eigenwilligsten Bierserien Österreichs natürlich auch gedacht sein. Ist sie aber nicht. Als sich Alex Kiesbye im Frühjahr 2011 am Hochkönig mit einem Team der Österreichischen Bundesforste verabredete, um frische, zarte Tannentriebe zu sammeln, kraxelte nicht der Koch in ihm, ja noch nicht einmal der Brauer, durchs Holz. Der Großmeister der Kreativsude war jetzt Künstler. Zurück in seinem Atelier, komponierte er aus Wasser, Malz, Hopfen und dem mitgebrachten Grün das Gemälde einer Landschaft.

Einen Platz in der Biergeschichte hat sich Axel Kiesbye mit einem anderen Geniestreich gesichert. Und seiner Wahlheimat, dem ins Salzburger Alpenvorland getupften Obertrum am See. Im bayerischen Weihenstephan zum Brautechniker ausgebildet, fand er in den 1990er Jahren in der dortigen Brauerei Trum zugleich einen Arbeitgeber und Förderer. 2003 gab es keine standardisierte Systematik, dank der sich anhand von Farbe, Duft und Geschmack definieren lässt, ob man gerade an einem Pils, Hellen oder Märzen genippt hat. In diesem Jahr hob Kiesbye das Biersommelier-Wesen aus der Taufe.

Ist Kiesbyes Waldbier der Versuch, das Braggot, das Bier der Kelten und Germanen, und mit ihm den Geschmackskosmos dieser fernen Epoche zu rekonstruieren? Auch nicht! Das Farbenspiel eines mit Tau besetzten Spinnennetzes schmecken, an dem sich die Morgensonne bricht. Den Duft. Das Aroma. Einfach nur den Wald kopieren. Ihn am Tresen erlebbar machen. Seit 2011 porträtiert er jedes Jahr ein anderes Forstrevier. 2022: Weidenrinde und Mädesüß. Der Wachauer Auwald. 2023: Vogelbeere und Tannenwipfel. Der Ausseer Mischwald. Jeder Jahrgang kann ein halbes Leben lang gelagert werden. Für eine Reise – via Parallelverkostung – durch die Naturräume Österreichs.

**Adresse** Kiesbye's Akademie, Bierkulturhaus und Naturbrauerei, Dorfplatz 1, 5162 Obertrum am See, Tel. 0676/4777168, www.kiesbye.at | **Bierprofil** Das Waldbier wird stets im Frühjahr gebraut und ist ab dem Herbst erhältlich | **Öffnungszeiten** Braukurse, Biersommelier-Ausbildung und weitere Bierbildungsangebote siehe Website | **Tipp** Ebenfalls in Obertrum am See veredeln Dominik und Kerstin Fimberger die dort seit Urzeiten kultivierte, mittlerweile aber weitgehend aus dem Landschaftsbild verschwundene Walnuss zu köstlichen Likören (www.trumerseennuss.at).

## 76\_ Trumer Pils
*Weltstar mit Geheimnissen*

Es sollen sich ja immer mal wieder junge Leute den Terminator zum Vorbild nehmen und sich ein One-Way-Ticket in die USA kaufen. Wenn sie dann das Heimweh schüttelt, ist die Freude umso größer, im *Supermarket* einer grünen Flasche mit einem strahlend weißen Etikett zu begegnen. Ursprünglich nur für die Genussmenschen des Salzburger Voralpenlands gedacht, ist das herb-trockene Trumer Pils heute ein Weltstar.

Als Josef Sigl 1985 die elterliche Sudstätte übernahm, stand er vor der Frage: An welchen Strippen ziehen, um gegen die immer vehementer in die Läden und an die Zapfhähne drängenden Großen zu bestehen? Der sechste Nachfahre eines auf denselben Vornamen getauften niederbayerischen Hopfenhändlers, der sich 1775 am Südende des Obertrumer Sees ein Gasthaus mit Braurecht gekauft hatte, traf zwei Entscheidungen: 1) Sich auf ein Pils zu spezialisieren, das sogar aus der Spitzenklasse heraussticht. 2) Einen 26-jährigen Perfektionisten Namens Axel Kiesbye einzustellen. 2004 die erste Goldmedaille. Das Nass aus Obertrum darf sich jetzt bestes Pils Europas nennen. 2006, 2008 und 2012 die Bestätigung. Dann der ultimative Superlativ: 2006 kürt es der World Beer Cup zum besten Pils der Welt, bestätigt dies 2008 und noch einmal 2016. Und die USA? Schon 2003 klopft ein US-Bierbusiness-Star bei Josef Sigl an. Damit das originale Trumer Pils und die US-Version auch wirklich identisch sind, werden auch drüben österreichische Zutaten verwendet.

Woher dieses perfekte Geschmackserlebnis …? Was macht das Trumer Pils so gut? Ein Schlüssel ist die Vergärung in offenen Bottichen. Zu ihrer Optimierung hat Axel Kiesbye ein Patent entwickelt, dank dem sich die Gerb- und Bitterstoffe rückstandslos entfernen lassen. Ausschließlich Naturhopfen. Allem – der Maische, der Würze, der Hefe, dem Jungbier – viel Zeit geben. Und, und, und. Die meisten Winkelzüge sind Betriebsgeheimnis.

**Adresse** Trumer Privatbrauerei, Brauhausgasse 2, Braugasthof Sigl, Dorfplatz 1, 5162 Obertrum bei Salzburg, Tel. Brauerei 06219/74110, Tel. Gasthaus 06219/7700, www.trumer.at | **Bierprofil** Trumer Pils – auch als hopfengestopfte Version (Hopfenspiel) und Grünhopfen-Pilsbock (Imperial), Märzen, Zwickl, saisonal: Herbstbier | **Öffnungszeiten** Rampenverkauf Mo – Do 8 – 12 Uhr und 13 – 16 Uhr, Fr 8 – 12 Uhr; Braugasthof Sigl Mo, Do – Sa 11 – 24 Uhr, So 9 – 22 Uhr | **Tipp** Zu den kulinarischen Highlights des nahen Salzburg zählt ein Besuch der Trumerei, eines Brauerei-eigenen Restaurants mit Bar und Bier Shop (Strubergasse 26).

SALZBURG, AUGUSTINER BRÄU KLOSTER MÜLLN

# 77 Märzenbier
## *Die Speisung der Tausend*

Steht Münchens schönster Biertempel gar nicht an der Isar? Nein! Dies Prädikat gehört einer Massenverköstigungs-Institution im Salzburger Stadtteil Mülln. 1605 fragte der Salzburger Erzbischof in der bayerischen Residenzstadt bei den Augustinermönchen an, ob sie nicht bei ihm eine Filiale eröffnen wollten. Die an die Salzach übersiedelten Brüder brachten die Kunst des Brauens mit. Genau zur richtigen Zeit. Weil sich das Klima – Stichwort: Kleine Eiszeit – verschlechterte, löste das Bier um 1650 den Wein als Getränk der Massen ab.

Jene Traditionen, die dem Augustiner Mülln seine archetypische Rustikalität verleihen und die die bayerische Metropole aber eigentlich für sich reklamiert, formten sich erst 200 Jahre später aus. In den vier gigantischen Sälen, in denen gut 1.000 Durstige Platz finden, und dem 1.500 Gäste fassenden Biergarten haben sie sich unverfälschter erhalten als in den beiden Hochkarätern Münchens, dem Stammhaus der dortigen Augustiner Brauerei und dem Hofbräuhaus.

In einem Biertempel bayerischen Typs kümmert sich der Wirt lediglich um den Biernachschub und stellt Tische zur Verfügung. Alle trinken dieselbe Sorte, ein kerniges, schnörkelloses Märzen. Es wird aus einem Holzfass der Maßeinheit Hirsch (100 Liter) via bayerischem Anstich gezapft, einer simplen Technik, bei der das Bier nicht mit $CO_2$ kontaminiert wird. Es läuft so geschmeidig wie Wasser durch die Kehle.

Aus einem Regal greift man sich einen Krug aus Steingut, trägt ihn in einen separaten Raum, in dem ihn die Zapfer füllen. Entweder man hat sich selbst eine Vesper mitgebracht. Oder man begibt sich als nächstes in einen Gang, in dem eigenständig wirtschaftende Stände Speisen bereithalten. Dann sucht man in den Weiten der Gewölbe seinen Stammtisch. Wer nicht im Augustiner Mülln war, war nicht in München ... äh, halt: Salzburg. Für Musik müssen die Gäste selbst zum Instrumente greifen.

Adresse Augustiner Bräu Kloster Mülln, Lindhofstraße 7, 5020 Salzburg (Zugang vom Groß-parkplatz an der Lindenhofstraße sowie stadtseitig von der Augustinergasse), Tel. 0662/431246, www.augustinerbier.at | Bierprofil Märzenbier, saisonal Fastenbier, Bock | Öffnungszeiten Bräustübl und Biergarten Mo–Fr ab 15 Uhr, Sa, So, Feiertag ab 14.30 Uhr, Rampenverkauf Mo–Fr 7–22 Uhr, Sa, So, Feiertag 14–22 Uhr | Tipp Wer nicht den ganz großen Hunger mitbringt, sollte sich im Schmankerlgang nach dem Radistand der Familie Atanassoff umsehen. Ihr selbst angebauter Rettich harmoniert perfekt mit dem Bier der Augustiner Bräu Mülln, die übrigens noch mit einem Kühlschiff und einer offen Gärung arbeitet.

# 78 Back from Space
*Bier mit Musikgeschmack*

Die Frage, ob es sich bei dem mit Sicherheit durchgeknalltesten Braukonzept Österreichs um einen Geniestreich handelt oder seine zahlreichen Fans letztlich doch nur einem Schmäh aufsitzen, kann jeder Leser kinderleicht für sich selbst beantworten. Sie benötigen: zwei Flaschen Ihres Lieblingsbiers und zwei Stereoanlagen. Je eine für Mozart und AC/DC. Beschallen Sie je eine Flasche. Ein paar Stunden sollten genügen. Wenn an der Theorie etwas dran ist, mit der der Japaner Masaru Emoto in den 1990er Jahren die New Age-Bewegung verzückte und auf der auch der spektakuläre Erfolg des Labels Brauton basiert, hat sich bei beiden der Geschmack geändert. In eine andere Richtung. Wasser reagiert also doch auf Emotionales. Es hat ein Gedächtnis.

Brauton, das sind die Salzburger Jungspunde Peter Kreyci und Phil Zezula. Mit einer neuen Freizeitbeschäftigung trösteten sie sich 2017 darüber hinweg, dass sich ihre Band aufgelöst hatte – und holten sich sogleich den österreichischen Staatsmeister-Titel der Hobby-Brauer. Ganz klar: Ihr Nass, ein Blondes US-amerikanischen Typs, konnte die Konkurrenz nur deshalb geschmacklich ausgestochen haben, weil bei ihnen permanent coole Mucke gelaufen war – vom Einmaischen bis zum Abfüllen.

Zwei Jahre später. Im Rahmen seiner Diplomarbeit erarbeitete Leo-Constantin Scheichenost, mit dem Brauton zum Trio wuchs, einen Markenauftritt – und die Camba Bavaria aus Seeon am Chiemsee erhielt den Auftrag, dem Pale Ale, das sie für die drei in einer professionellen Größenordnung lohnbrauen sollte, permanent »Back from Space« vorzuspielen, einen Titel der Indie-Band Steaming Satellites. Gleich mal mit dem Gaumen reinhören. Nice!

Und so ging es weiter: Beim Zwickl fiel die Wahl auf »Welcome to Kookoo Island« des Duos Cari Caris, der Soundtrack zum jüngsten Wurf, einem Japan-Style-Experiment mit Reis und Umami-Geschmack: smoother Jazz von Shigeo Sekito.

**Adresse** Brauton, Franz-Josef-Straße 20, 5020 Salzburg, Tel. 06991/2275003, www.brauton.at | **Bierprofil** Pale Ale, Zwickl, Sweet Stout, Umami-Bier mit Reis | **Öffnungszeiten** keine, die Rezepte werden auf einer 50-Liter-Versuchsanlage ausgetüftelt und dann im Lohnbrauverfahren umgesetzt | **Tipp** Peter Kreyci, Sohn des Bierexperten, -bloggers und -networkers Dr. Herbert Höglinger, trifft man tagsüber häufig im Szene-Shop Musikladen (Linzer Gasse 58), wo er seinen Kunden nebenbei auch ein, zwei Brauton-Biere einschenkt. Phil Zezula betreibt die angesagte Academy Bar (Franz-Josef-Straße 4), in der die Brauton-Biere in Strömen fließen.

## 79_ Weiße hell
*Plopp ist Kult*

Auf dem Friedhof von St. Peter, auf dem sich die Salzburger schon seit zwei Jahrtausenden ihr ganz persönliches Stück vom Paradies reservieren, hat sich ein Grab mit folgender Inschrift erhalten: »War im Burenkrieg«. Neugierig geworden? Dann sollten Sie sich von einer weiteren Angabe zu einem Spaziergang zur »Weissbierbrauerei in Schallmoos« verleiten lassen. In ihrer urigen Stube: ein Porträt jenes Mannes, nach dessen Rezept dort noch heute eine flüssige Legende gebraut wird. Das stets zum Bersten überfüllte Wirtshaus ist Österreichs älteste – und letztlich auch einzige echte – Weißbierbrauerei.

Als sich in Südafrika 1899 die niederländischen und britischen Kolonialisten einmal mehr den Krieg erklärten, schwor Adelbert Behr dem Abenteurerleben ab und kehrte in seine Heimat Deutschland zurück. Von den Behörden misstrauisch beäugt, ließ er eine Verwandte in Salzburg ein Wirtshaus ankaufen. Damals waren schwere Bockbiere üblich. Umso gieriger stürzten sich die Durstigen auf seinen leichtfüßig-fruchtigen, mit Weizenmalz gebrauten Erfrischer. 1903 erstmals ausgeschenkt, nach wie vor durch Flaschengärung veredelt, entsteht er heute in einem Schausudhaus, das sich um 17 Uhr in eine Club-Lounge verwandelt.

Dass das 1944 zerbombte, 1973 von einem Schwesternheim okkupierte, 1987 zu alter Größe zurückgekehrte Braugasthaus in den Olymp des nationalen Bierkulturerbe aufsteigen konnte, ist vier Sturköpfen zu verdanken. Obwohl der Konsument das Weißbier nach dem Zweiten Weltkrieg mied, hielt Braumeister Otto Ratgeber am Ur-Rezept fest – und gilt deshalb vielen als Vater seiner Wiederentdeckung. Die anderen: Hans Georg Gmachl, sein Sohn Felix, der seit 2015 die Bierproduktion verantwortet, und Gustl Absmann, bis 2023 für den gastronomischen Part zuständig. Danke! Das Ritual, dass es Plopp macht, bevor man sich das nach Banane duftende Nass selbst einschenkt, ist Kult!

**Adresse** Die Weiße, Rupertgasse 10, 5020 Salzburg, Tel. 0662/872246, www.dieweisse.at |
**Bierprofil** helles, dunkles und glutenfreies Weizen, Sommerweizen, Weizenbock, Helles |
**Öffnungszeiten** Braugasthaus und Biergarten Mo–Sa ab 10 Uhr, Sudhaus Bar Mo–Sa ab 17 Uhr | **Tipp** Nicht weit entfernt, in der Berggasse, betreibt der Belgische Braumeister Dirk Beart mit dem Alchemiste Belge eines der besten Bierlokale Österreichs.

SALZBURG, STIEGLBRAUEREI

# 80 Bio Zwickl
*Ein andere Welt ist machbar*

Der Schmäh rennt! Bist depperd? Doch, es hat schon seine Richtigkeit, dass in diesem Buch einem Außenseiter die Ehre zuteilwird, die altehrwürdige, kultisch verehrte Stieglbrauerei zu repräsentieren. Auch wenn halb Österreich deshalb das Smartphone zücken und die 133 eintippen wird, um einen schweren Fall von Blasphemie zu melden.

Sollten die Massen weiterhin darauf besteht, das Goldbräu zu trinken, es möge ihnen munden! Heinrich Dieter Kiener III., Philosoph, Querdenker und seit 1990 Geschäftsführer der 1492 gegründeten, 1863 in den Außenstadtteil Maxglan umgesiedelten, nach wie vor Konzern-unabhängigen Stieglbrauerei, hat längst ein neues Sudhaus bauen lassen, mit dem sich der Jahresausstoß des Aushängeschilds unter den landestypischen Blonden auf eine Million Hektoliter steigern lässt. Schließlich soll Stiegl »als Österreichs führende Brauerei gelten«.

Derzeit noch nicht ganz so bekannt ist, dass in Maxglan der flüssige Beweis erbracht wird, dass eine andere Welt machbar wäre. Es müssten halt nur noch ein paar mehr einer anderen Vision Heinrich Dieter Kieners III. folgen, sich von Althergebrachten lösen und auf Neues zubewegen. Während er darunter ein anderes, faires, ökologisch und menschlich nachhaltiges Wirtschaften versteht, wollen wir hier versuchen, eines seiner Resultate gemeinsam zu verkosten. Jeder, der das 16. Lebensjahr vollendet hat, kann sich den besonderen Geschmack des Goldbräu ins Gedächtnis rufen. Also los! Weich. Vital. Schlank. Ja, schlaksig. Ziehen wir das Geschmacksprofil nun dreidimensional in die Breite und füllen den Raum mit mild fruchtigen Hefenoten und einer komplexen Hopfenaromatik. Dann sind wir beim Zwickl. Fehlt das Bio. Wichtig zu wissen: Mit verbraut wird ein vor dem Aussterben geretteter und ein konventioneller Weizen. Zur Abrundung. Alle Zutaten: aus Österreich. Aus ökologischem Anbau. Muss man nicht, kann man aber bevorzugen.

**Adresse** Stieglbrauerei, Kendlerstraße 1, 5017 Salzburg, Tel. 050/14920, www.stiegl.at; Besucherzentrum Stiegl Erlebniswelt, Bräuhausstraße 9, 5020 Salzburg, Tel. 050/14921492, www.brauwelt.at | **Bierprofil** Bio Zwickl, Goldbräu, Helles, Pils, helles Weizen, Pale Ale, Glutenfreies, wechselnde Kleinsude, Jahrgangsbiere, saisonal: Herbstbier, heller Bio Bock | **Öffnungszeiten** Erlebniswelt: Gastronomie, Biergarten täglich ab 10 Uhr, Museum und Shop Mai–Sept. täglich 10–20 Uhr, Okt.–April täglich 10–18 Uhr, Führung durch Brauerei und Museum täglich 10 Uhr, 13 Uhr (englisch) und 15.30 Uhr | **Tipp** 1820 baute sich die Stieglbrauerei am Fuß des Festungsbergs einen Lagerkeller mit Terrassenausschank – die Keimzelle des Traditionswirtshauses Stiegl-Keller (Festungsgasse 10, www.restaurant-stieglkeller.at).

# 81 St. Johanner Zwickl
*Direkt vom Braumeister*

Freitag, 10 Uhr vormittags. Aus der Ferne grüßt der Gipfelkamm des Wilden Kaisers, beglückwünscht die Einheimischen und Urlauber, die zielgenau auf ein 27 Meter hohes Wahrzeichen des Wander- und Skiparadieses St. Johann in Tirol zugesteuert sind. Am Fuß des einzigen, nach seiner Fertigstellung 1959 hoch umstrittenen Hochhauses des auf ein touristenkonformes Äußeres bedachten Marktflecks, warten sie mit aufgeklapptem Kofferraum auf den Geheimtipp unter den Tiroler Mitbringseln: von Hand befüllte Zwei-Liter-Siphon-Flaschen.

Vom Boden- bis zum Neusiedler See hat sich in den Supermärkten eine Sorte breit gemacht, deren Name verspricht, was dort niemals eingehalten werden kann. Natürlich schmeckt ein Zwickl auch dann, wenn es zwischen seinem Aufenthalt im Lagertank und in jenem Krügerl, in dem ihm das letztes Stündchen schlägt, eine zeitgemäß schonende Haltbarmachung durchläuft. Nur dass es dann per Definition eigentlich gar keines ist. Was ein echtes Zwickl ausmacht und wie groß der Unterschied geschmacklich ausfällt, demonstriert die Huber Bräu zudem im obersten Stock ihres Sudhausturms. Nur dort, im Bräustüberl mit Panoramaterrasse, wird die Rarität auch ausgeschenkt.

Der Name Zwickl leitet sich von jenem Gerät ab, mit dem der Braumeister einem Lagerfass eine Probe entnimmt. Markiert er den Sud als ausgereift, wird bei der seit 1727 nachweisbaren, 1883 von der Familie Huber übernommenen letzten Traditionsbrauerei der Kitzbühler Alpen exakt das, was er sich zum Mund geführt hat, an die Durstigen weitergereicht. Mit allen Trübstoffen und der Gewissheit, dass es zügig getrunken werden muss. Ein unspektakulärer, für das Trinkerlebnis aber prägender Unterschied. Ein Helles mit einem deutlich verbreiterten Aromenprofil. Intensiver. Fülliger. Tiefer. Archaisch. Ursprünglich. Kein Wunder, dass der Wilde Kaiser bettelt, ihm beim nächsten Aufstieg eines mitzubringen.

**Adresse** Huber Bräu, Brauweg 2–4, 6380 St. Johann in Tirol, Tel. Brauerei 05352/62221, Tel. Turmstüberl 05352/6222115, www.huberbraeu.at. | **Bierprofil** Zwickl, Original, Spezial, Pils, Augustinus (historisches bernsteindunkles Lager), Engerl (Schankbier), Dunkles, helles, dunkles und leichtes Weizen, saisonal: Juchizza (Festbier) und heller Bock | **Öffnungszeiten** Rampenverkauf Mo–Fr 7.30–12 Uhr und 13–16 Uhr, Sa 9–12 Uhr; Turmstüberl täglich ab 11 Uhr | **Tipp** Am Achensee dockte Alois Rupprechter 2010 an sein Hotel Karlwirt ein kleines Sudhaus an – das Achenseebier (www.hotelkarlwirt.at).

# 82 Sölsch

*Posse mit Fehlermeldung*

Die Nachricht, über die Tirol noch lange sprechen sollte – ein Schelm, wer jetzt denkt, dass es Florian Schmisl und Simon Gstrein kaum erwarten konnten, bis sie endlich im Ötztaler Touristenhotspot Sölden eintraf. April 2021. Die deutsche Krawallzeitung »Bild« berichtet über die Bäckelar Brewery, deren Bau der zum Brauer umgeschulte Koch und sein Cousin mitten in die Corona-Krise hinein beauftragt haben, und ihre einzige, aber nach allen Regeln des Marketings durchgestylte Sorte, die das Duo einstweilen im Zillertal produzieren lässt. Der Name des obergärigen, 11,8° Stammwürze leichten Blonden: Sölsch.

Jeder, der sich auch nur vage mit Bier auskennt, weiß, dass in Köln – und nur dort – eine mittelalterliche Variante des Hellen überlebt hat. 11,8° Stammwürze. Das Kölsch ist ein Heiligtum der Stadt. Zwei Jahrzehnte lang haben sich die Gerichte der Frage gewidmet, wer den Namen für welche Sude verwenden darf. Nicht minder bekannt ist, dass der Interessensverband der Kölner Brauereien und die Justiz das Hin-und-Her beendeten, als sie 1986 die 16 Paragrafen lange Kölsch-Konvention für rechtens erklärten. Nicht anders als beim Tiroler Speck, ist für das Kölsch seither ein regionaler Herkunftsschutz in Zement gegossen.

Die Posse um das Sölsch mündete in einer Fehlermeldung. Ob kühnes Kalkül. Oder das Glück der Dummheit. Der Bäckelar Brewery wurde lediglich untersagt, den Trunk als »nach Kölner Brauart« zu bewerben. Und aus einem anderen Grund. Es fiel natürlich auf, dass die Leckerei gar keine Kopie eines Kölsch ist. Wie bei Mikrobrauereien üblich, die ein hippes Publikum anvisieren, verzichtet man auf den letzten Arbeitsschritt. Ein unfiltriertes Kölsch: existiert nicht! Wohl aber die Sorte Wiess, die ein paar Kilometer rheinaufwärts, in Bonn, ebenfalls den Siegeszug der modernen Lager überlebt hat, die dort aber niemand für schützenswert befand. Fortsetzung folgt...

Adresse Bäckelar Brewery, Gewerbestraße 7, 6450 Sölden, Tel. 0664/88907488, www.soelsch.com | Bierprofil Sölsch | Öffnungszeiten Rampenverkauf Fr 15–18 Uhr | Tipp Am anderen Ende von Tirol, im an Idylle kaum zu überbietenden Dorf Alpbach, betreibt Josef Moser seit 2006 die kleine Kristall Bräu.

# 83 __ The Padawan
*Friede den Sternen*

Schafe, die ihrer Neugierde auch gegenüber den Gästen des Brauereirestaurants und ihren Salatgarnituren freien Lauf lassen. Natürlich hätte man sich an die Wollknäuel gewöhnen können. Als sie auch noch den Hopfen abknabberten, den die Bichlers in Tirols schillerndstem Bier- und Genussparadies gepflanzt hatten, war dennoch Schluss mit Lustig. Duroc-Schweine schmecken auch!

Gefühlt schon immer betreiben die Bichlers den Stöfflhof. Zwischen dem Inn und dem Wilden Kaiser. Als sich der brauende Altbauer Peter Stöffl auf ihre Almhütte zurückzieht, kehrt sein Sohn Christoph gerade aus den USA zurück – beseelt von dem Bedürfnis, das Wow, das ihn bei der Einnahme der dort angesagten Hopfenbomben bis ins Mark erschütterte, weiterzugeben. Zum Einstand braut Bierol für seine lieben Tiroler einen kompromisslos radikalen, megakomplexen und dennoch sturztrinkfähigen Geniestreichs: das Pale Ale The Padawan. So, Freunde, kann Bier auch schmecken! Was 2004 mit der zünftigen Stöfflbräu begann, 2014 mit ihrer Neukonzeption zu einem Höhenflug ansetzte, hat 2023 mit dem Zubau einer neuen Brauerei- und Holzfassreifehalle die Zukunft des Genusses in die Gegenwart geholt. Perfektion plus Experiment plus Weltläufigkeit plus ein tief sitzendes Herkunftsbewusstsein. Vergleichbares? In Österreich? Nein!

Hinfahren! Ansehen. Spüren. Im urgemütlich modernen Tap-Room und Haubenrestaurant bei der Trinkreihenfolge der Beratung folgen, denn das Gros der Sorten wechselt permanent. Den Padawan für den Schluss aufheben. Wegen der Gefahr, nach ihm nichts anderes mehr probieren zu wollen. »Kann ich bitte unter'm Zapfhahn übernachten?« Wichtig: Nicht glauben, dass der Name des Aromenwunders bei den Jedi-Rittern für die zweitniedrigste Rangstufe eines Novizen steht, sonst kommt George Lucas, um Lizenzgebühren zu kassieren. Padawan ist die Abkürzung für »Pale Ale doing alright without a name«. Und fertig.

**Adresse** Bierol, Sonnendorf 27, 6334 Schwoich, Tel. 0660/5490045, www.bierol.at | **Bierprofil** Padawan, unübersichtlich große, wechselnde Kollektion an Neuinterpretationen klassischer Bierstile und Kreativbieren sowie im Holzfass ausgebaute Raritäten | **Öffnungszeiten** Rampenverkauf Mo–Fr 8–18 Uhr, Tap-Room und Restaurant Do und Fr ab 17 Uhr, Sa und So ab 11 Uhr | **Tipp** Die kleine Sunnseit Bräu aus dem nahen Ellmau verbraut ebenfalls – unter anderem – selbst angebauten Hopfen (www.sunnseitbräu.tirol).

# 84 Heimatbier
*Badehose nicht vergessen*

Nie käme man bei der Einfahrt in die beste Brauerei Tirols auf die Idee, eine mittelalterliche Burg vor sich zu haben. Ein breiter, gefühlt in den 1960er Jahren in schmuckloser Pragmatik hingestellter Turm, an den sich links ein niedriger Trakt und rechts das Brauereigasthaus anschließen. Typisch statt auffällig. Und: Ja sicher, über Geschmack lässt sich streiten. Nicht aber darüber, dass die Brauerei Schloss Starkenberg mit 40 Goldmedaillen eine solche Fülle an offizieller Anerkennung auf sich vereint, dass den Bieren aus den anderen Tiroler Häusern schon mal vor Neid der Schaum zusammenfällt.

Nicht nur, weil die Schlossstube die regionale Küche exzellent beherrscht, ist es für Bierfreunde ein Muss, der einen Steinwurf außerhalb von Tarrenz auf einer Erhebung gelegenen, 1810 gegründeten Traditionssudstätte einen ganzen Ausflugstag zu widmen – und sich hierfür zu einer Gruppe zusammenzuschließen. Am Parkplatz starten einige Rundwanderwege. Zum Mittagessen zurück, empfiehlt es sich, statt des allseits beliebten Gold Lagers das Heimatbier zu probieren. Für das bodenständig schlichte, exzellent süffige, vital würzige helle Lager kommt ausschließlich Gerste in den Sudkessel, die im Tiroler Oberland angebaut und vermälzt wurde. Jeder Schluck ein Bekenntnis, dass Landwirtschaft auch Landschaftspflege ist.

Es folgt der Höhepunkt des Tages: der Besuch des hauseigenen Museums. Immer tiefer arbeitet man sich in ein Labyrinth hinein, passiert mit einen uralten Wehrgang den Beweis, doch in einer echten, leider aber recht rabiat umfunktionierten Burg unterwegs zu sein, und ist sich in den Kellern sicher: Hier vertreiben sich Gespenster die Zeit beim Kegelspiel. Beim Anblick eines Schwimmbeckens wird dann auch die Sache mit der Gruppe klar. Gefüllt ist es mit einem Wasser-Bierhefe-Gemisch, einem Wunderbalsam für die Haut. Baden: erlaubt. Aber erst ab 15 Beteiligten.

**Adresse** Brauerei Schloss Starkenberg mit Schlossstube, Museum BierMythos und Bierschwimmbad, Griesegg 1, 6464 Tarrenz, Tel. Brauerei 05412/662010, Tel. Museum/Bierschwimmbad 05412/66201, Tel. Schlossstube 0664/9588880, www.starkenberger.at, www.restaurant-starkenberg.com | **Bierprofil** Heimatbier, Gold Lager, Märzen, Pils, Bio-Bier, Festbock | **Öffnungszeiten** Shop und Museum Mai–Okt. täglich 10–17 Uhr, Nov.–April Mo–Fr 10–17 Uhr, Schlossstube Mi–So 11–22 Uhr | **Tipp** Am Walchsee veredelt Petra Loder einen Teil der Biere ihrer Loder Bräu sowie die Hochprozenter befreundeter Sudstätten zu edlem Bieressig (www.bieressig.at).

ZELL AM ZILLER, BRAUEREI ZILLERTAL BIER

# 85 Gauder Bock Serie
*Ohne Bier kein Weltkulturerbe*

Am ersten Wochenende im Mai. Vor langer Zeit. Das Vieh ist auf den Almen. Im Zillertal haben die Menschen Zeit – und ihr Landesherr einen guten Grund, genau jetzt zu verlangen, dass sie ihren Zehnt nach Zell fahren. Um ihren Zorn zu besänftigen, soll man dort zum Tanz aufspielen. Es lässt sich nicht exakt rekonstruieren, wann der Marktfleck sein erstes Gauderfest zelebrierte. Sicher aber ist, dass dem Ort anno 1500 eine Brauerei genehmigt wurde. Der Gauda Bock, mit dem die älteste Sudstätte Tirols seither den Durst der Traditionalisten stillt, die von Freitag bis Sonntag ihre Tracht zur Schau stellen, ist das stärkste Festbier Österreichs. Das Spektakel selbst UNESCO-Weltkulturerbe.

Eine schlicht Gauder Bock genannte Version mit 7,8 Prozent gilt als der normale Begleiter durch die drei wilden Tage. Acht Monate muss sie reifen, um ihr unwiderstehliches Aromenspiel aus getrockneter Marille, Biskuit und Vanille zu entfalten. Eigentlich viel zu edel für ein Schluckbier! Ihr Bruder, der sündhaft teure Gauder Steinbock, der in Champagnerflaschen abgefüllt wird, liegt mit seinen 10,4 Prozent bereits auf der Grenze dessen, was mit einer traditionellen Hefe überhaupt möglich ist. Er wird nach einem 100 Jahre alten Rezept und nur in kleiner Menge hergestellt. Ein Teil seines Sudes verschwindet im Stolz der 2012 an den Ortsrand übergesiedelten Brauerei, ihrem Holzfasskeller. Dort reift er weitere acht Wochen in einem Barrique, in dem zuvor ein Sherry gelagert wurde.

Wer genau wissen möchte, wie sich die Volksversion auf die Rauflust, das Sprachvermögen und den Gleichgewichtssinn auswirkt, ist gut beraten, sich ins Getümmel zu stürzen. Von ihrem Gauda Bock haben die Trachtler noch nie viel übrig gelassen. Die beiden Luxuseditionen hingegen warten ganzjährig in der Erlebnis-, Museums- und Verkostungswelt der Brauerei, bis sie der nächste Biergourmet mit geschulter Zunge wachküsst.

**Adresse** Brauerei Zillertal Bier mit Shop und Erlebnis-, Museums- und Verkostungswelt Braukunsthaus, Bräuweg 1, 6280 Zell am Ziller, Tel. 05282/236690, www.zillertal-bier.at | **Bierprofil** Gauder Bock, Gauder Steinbock, Gauder Steinbock Reserve (holzfassgereift), Märzen, Pils, Zwickl, Helles, Tyroler Imperial (Lager, auch als Zwickl), Dunkles, Schwarzbier, helles und dunkles Weizen, Weizenbock, Barley Wine, Dinkel-Weizenbock | **Öffnungszeiten** Shop Mitte Mai – Anfang Nov. Mo – Sa. 8.30 – 18 Uhr, Anfang Nov. – Mitte Mai Sa nur bis 12 Uhr; Braukunsthaus Mitte Mai – Mitte Nov. Mo – Sa. 10 – 18 Uhr, Mitte Dez. – Mitte Mai Mo – Fr 10 – 18 Uhr | **Tipp** Tirols bestsortiertes Bier-Fachgeschäft findet sich im Zentrum von Innsbruck. BierWelt Tirol – sein Name spricht Bände über das Angebot (www.bierwelt.tirol).

# 86 Weizen
*Einhorn gesichtet*

Nicht wenige, die aus den Bergwäldern zurück nach Bludenz absteigen, schwören, ihm begegnet zu sein. Sichtungen des Einhorns sind in und oberhalb der Vorarlberger Alpenstadt keine Seltenheit. Meist allerdings ist Flüssigkeitsmangel die Ursache. Völlig dehydriert, zeigt sich dem Wanderer vor seinem inneren Auge ein herrlich kühles Nass mit dem Logo der örtlichen Brauerei. Im Normalfall das beim Qualitätswettbewerb European Beer Star 2022 mit einer Medaille bedachte Weizen. Spritzig, prickelnd, den Gaumen mit einem perfekt ausbalancierten, breiten Mix an Fruchtnoten betörend.

Als Ferdinand Gasser 1880 die Brauerei Fohrenburg errichten ließ, waren Sagen groß in Mode. Seit einem Streit zwischen zwei Adelshäusern, von denen eine ein Einhorn im Wappen führte, beschützte das Fabeltier Bludenz immer wieder vor Dieben und anderem Gesindel. Gasser hatte die perfekte Bildmarke gefunden. Denn gebraucht wurde die Sudstätte vor allem, um das Heer der zum Bau der Arlbergbahn ins Tal gezogenen Wanderarbeiter mit Bier zu versorgen. Italiener. Die Frohnaturen waren den Vorarlbergern noch nie ganz geheuer.

Dass nicht wenige das Hefetrübe aus Bludenz neuerdings für das beste Vorarlberger Weizen halten, liegt auch an Felix Schiffner. Der neue Braumeister und zweimalige Vizeweltmeister der Biersommeliers hat schon seinem letzten Arbeitgeber, der Brauerei Grieskirchen (siehe Bier 47), diverse Auszeichnungen beschert. Aber auch am Brauwasser, das im Silvretta-Arlberg-Gebirgsmassiv versickert und vom Fels geeinigt wird, bevor es unten im Tal aus zwei brauereieigenen Quellen hervortritt. Das Gerücht, es handle sich um Heilwasser, ist einer von vielen Mythen, die sich um das Brauereiareal ranken. Wo heute das Wirtshaus Kohldampf bittet, als Ersatz für das eigentliche, nicht mehr aktive Braugasthaus betrachtet zu werden, befand sich bis 1880 ein Kurbad. Dessen Wasser: schwefelhaltig. Unbrauchbar.

Adresse Brauerei Fohrenburg, Fohrenburgstraße 5, Wirtshaus Kohldampf, Werdenberger-straße 53, 6700 Bludenz, Tel. Brauerei, Tel. 05552/6060, Tel. Wirtshaus 05552/65385, www.fohrenburger.at, www.fohren-center.at | Bierprofil Weizen, Jubiläumsbier (Export), Stiftle (Helles), Vollbier, Spezial, Bio-Bier, Zwickl, Engelburg (Schankbier), Dunkles, Weizenbock | Öffnungszeiten Rampenverkauf Mo–Fr 9–18 Uhr, Sa 9–12 Uhr; Wirtshaus Kohldampf mit Biergarten Mo–Do ab 16 Uhr, Fr ab 14 Uhr, Sa und So ab 11 Uhr | Tipp Im nahen Nenzig hat sich die winzige Panülerbräu einen hervorragenden Ruf erarbeitet (www.panueler.at).

# 87 Cultus Bock
*Hinterm See geht's weiter*

Schon früh einem Dorf entwachsen, aber arm an pittoresken Bauten. Dornbirn tut sich schwer, zumindest ein paar Touristen vom leider sieben Kilometer entfernten Ufer des Bodensees zu sich umzulenken. Dabei kann sich die Stadt mit einer Indoor-Attraktion brüsten, deren Anziehungskraft für jeden, der gern mal ein Bier trinkt, doch ähnlich groß sein müsste wie für den Kunstfreund die Wiener Albertina.

1989 bot sich Heinz Huber, der die altehrwürdige Mohrenbrauerei in sechster Generation auf Kurs hält, die einmalige Gelegenheit, seiner Sammlung von Bier-Antiquitäten ein komplettes Sudhaus hinzuzufügen. Für sein Wohnzimmer arg überdimensioniert, entstand die Idee, um das im 19. Jahrhundert konstruierte, original erhaltene, obwohl von einer Gasthausbrauerei bis 1971 genutzte Brauwerk, ein Museum mit einer Biererlebniswelt zu bauen, die mehr will als nur die eigenen Produkte zu bewerben. Wie in einem echten Sudhaus für das Malz und das Wasser, geht es für die Besucher zunächst in den obersten Stock. Dort übernimmt die Schwerkraft den Weitertransport von einem Produktionsschritt zum nächsten.

Zur Mohrenbräu-Biererlebniswelt gehört auch die Creativ Brauerei. Albert Mühlwert zaubert auf dem 100-Liter-Mikrosudwerk flüssige Ausflüge in noch unerforschte Traumwelten des Geschmacks. Wer im Sommer so klug ist, sich vor der Hitze des Sees in das Museum zu retten: im Shop nach seinem Mohrhito Ausschau halten! Vorsicht: Eisgekühlt serviert, zeigt die mit frischer Bergminze eingebraute Rarität allerdings eine lästige Nebenwirkung. Nie wieder will man sich mit einem klassischen, gemixten Mojito abspeisen lassen! Ernsthaft überlegen, nach Dornbirn zu ziehen, wird, wer in der Skisaison das Glück hat, den wärmenden Cultus Bock zu erwischen. Nur damit ihm dieser Schatz auch im nächsten Jahr nicht entgeht! Womit zu guter Letzt das stete Bevölkerungswachstum Dornbirns erklärt wäre.

**Adresse** Mohrenbräu, Biererlebniswelt und Creativ Brauerei, Dr.-Waibel-Straße 2, 6850 Dornbirn, Tel. Museum 05572/3777200, Tel. Shop 05572/3777224, www.mohrenbrauerei.at | **Bierprofil** in der Creativ Brauerei entstehen in stetem Wechsel diverse saisonale Kleinstsude, die im benachbarten Shop erworben werden können | **Öffnungszeiten** Shop Mo–Fr 9–12 Uhr und 13.30–17 Uhr, Sa 9–12 Uhr; Museum Do 10–20 Uhr, Fr und Sa 10–18 Uhr, So 10–17 Uhr; Termine zum Mitbrauen, für Verkostungen und andere Veranstaltungen siehe Website | **Tipp** Im hippen Dornbirner Bistro Mr. French kann man sich neben den Klassikern der Mohrenbräu auch durch die weite Welt der Craft-Biere hindurchprobieren (Marktplatz 10, www.mrfrench.at).

# 88 Spezial
*Im Glauben geeint*

Die katholische Kirche verliert Mitglieder. In Rekordzeit. Wie auch immer man dazu steht: Einer zunehmenden Anzahl junger Menschen bleiben dadurch viele Bräuche und ihre Hintergründe fremd, die die Volkskultur über Jahrhunderte geprägt haben. Zum Beispiel, dass sich am 6. Januar drei Buben zusammentun, sich einer das Gesicht schwarz anmalt und sie singend von Haus zu Haus ziehen.

Dornbirn 2020. Noch in jener Blase von Facebook versteckt, in der sich überhitzte Weltverbesserer gegenseitig ihre Meinung bestätigen, tauchen Anschuldigungen auf. Bald weiß es jeder: Die gut 51.000 Bewohner und überhaupt die Vorarlberger sprechen dem Rassismus zu. Der Beweis: das Bier, zu dem sie am liebsten greifen. Sie bevorzugen ein Nass, dessen Logo einen Menschen mit dunkler Hautfarbe zeigt. Jeder Schluck und noch mehr der Name Mohrenbräu – eine Verhöhnung des Leids von 40 Millionen aus Afrika verschleppter Sklaven. Der Mohr muss weg! Auf den Straßen Dornbirns und in der Brauerei brauchen sie ein bisschen, um zu verstehen: Was ist denn jetzt los?

Dornbirn 1784. Erstmals wird ein Gasthaus mit Brauerei erwähnt, das eine Familie namens Mohr betreibt. Wahrscheinlich heißt sie so, weil sie schon immer Wirte stellte und schon vor Generationen den Dunkelhäutigen jener drei Weisen aus dem Morgenland zu ihrem Hauszeichen machte – den Schutzpatron der Reisenden. Als 1834 die heutige Besitzerfamilie Huber die Sudstätte kauft, übernimmt sie den Namen. Und das Zeichen, dass in dieser Herberge Pilger willkommen sind.

Zurück ins Heute. Längst ist die Sicherheit nach Dornbirn zurückgekehrt, dass man dort das Spezial aus einem ganz anderen Grund bevorzugt: seiner brillanten Balance aus einem gut geerdeten Malzkörper und einer kräftigen Hopfigkeit. Der Mohr braucht keine Angst mehr zu haben, verschwinden zu müssen. Werden wir es doch vermissen? Das Elend der Sonntagskirchgangspflicht …

**Adresse** Mohrenbräu, Dr.-Waibel-Straße 2, 6850 Dornbirn, Tel. 05572/37770, www.mohrenbrauerei.at | **Bierprofil** Spezial, weitere traditionelle Sorten sind Pfiff (Helles), Helles, Export, Zwickl | **Öffnungszeiten** Shop Mo–Fr 9–12 Uhr und 13.30–17 Uhr, Sa 9–12 Uhr; Museum Do 10–20 Uhr, Fr und Sa 10–18 Uhr, So 10–17 Uhr; Termine zum Mitbrauen, für Verkostungen und andere Veranstaltungen siehe Website | **Tipp** 300 verschiedene Biere warten im hops&malt, Dornbirns Fachgeschäft für das Besondere, auf offene Münder (Eisengasse 2, www.hopsandmalt.at).

# 89 Wäldler
*Gemeinschaft rettet*

Es war kein selbstloser Akt, dass die Landesherren die Bauern des Berglands oberhalb des Bodensees in Selbstverwaltung leben ließen. Unendlich schön, gab der Bregenzerwald schlichtweg nicht genug her, um auch noch ihre Höflinge durch den Winter zu bringen. Dann, 1814, hielt der Habsburger Zentralstaat Einzug und ließ den Menschen weniger als das Existenzminimum. Wer der Bedeutung des 1868 initiierten Genossenschaftswesens nachspüren will, mit dem man sich aus der Schuldknechtschaft gnadenloser Käseankäufer befreite, lege bei der Anfahrt zur einzigen Brauerei, die der Region geblieben ist, einen Umweg über Schoppernau und das Franz-Michael-Felder Museum ein. Der Initiator des gemeinschaftlichen Wirtschaftens war als Kleinkind halbseitig erblindet. Zu Fuß trug ihn sein Vater nach Ischgl. Der Arzt dort war betrunken. Er operierte das gesunde Auge.

Ein Zusammenschluss als Rettungsanker – so sahen es auch die zwei Handvoll Wirte, die sich 1884 in Egg, dem Hauptort der Region, eine Brauerei bauten. Allen war klar, bald an das Eisenbahnnetz angeschlossen zu werden. Und dass es mit den rund 30 regionalen Gasthaussudstätten vorbei war, sobald die mit Dampfkraft betriebenen Giganten vom Bodensee und ihr konkurrenzlos gutes Nass an die Zapfhähne drängte. Es war das kleinere Übel, den Umschwung vom altüberlieferten zum modernen Bier selbst herbeizuführen und in eine moderne Sudstätte zu investieren. Die ungebrochene Zuneigung, die die Bewohner des Bregenzerwalds ihrem Egger entgegen bringen, ist der Beweis, dass der Plan aufging.

Obwohl der Wäldler, der filtrierte, aber nicht haltbar gemachte, in 0,33 Liter Fläschchen abgefüllte Bestseller, so manches Märzen von der anderen Seite des Arlbergs alt aussehen lässt, hat man beschlossen, es weiterhin maximal bis Bregenz und Dornbirn zu liefern. Ein Wäldler gehört nun einmal nur hierher. Man muss sich schon zu ihm bemühen.

Adresse Brauerei Egg, Gerbe 500, 6863 Egg, Tel. 05512/2201, www.brauerei-egg.at; Franz-Michael-Felder Museum, Unterdorf 2b, 6886 Schoppernau, Tel. 05515/2495 | Bierprofil Wäldler, Spezial (mit dem Wäldler identisch, aber anderes Flaschendesign), Helles, Zwickl, Pils, Dunkles, Bock, India Pale Ale | Öffnungszeiten Rampenverkauf Mo–Fr 7–11.30 Uhr und 13–16.30 Uhr, Sa 9–12 Uhr; Museum Mo 16–18 Uhr, Do 9–11 Uhr, Fr 17–19 Uhr, So 09.30–11.30 Uhr | Tipp Obwohl Egg vom Tourismus lebt, muss die Wirthauskultur des Ortes als traurig bezeichnet werden. Wer sich vor Ort ein Egger vom Fass zapfen lassen will, bekommt es dennoch: im überzogen rustikalen Käsestadl (Loco 9).

# 90 Oansa Sud
*Amerika mit Alpenblick*

Sonntag, 10 Uhr vormittags. 26.000 Bregenzer fragen sich: Wo das Gesicht in die Sonne hängen? Im eigenen Garten? Unten am See? Fans des Guten sollten sich für die dritte Möglichkeit entscheiden. Sie sollten den für seine sensationelle Aussicht berühmten Pfänder erklimmen. Aber nicht mit der Seilbahn. Vom radikal in die Länge gezogenen 450-Seelen-Dörfchens Fluh aus mag der Blick nicht ganz so weit in die Schweiz hinein reichen. Dafür lädt dort ein Selbstbedienungs-Kühlschrank dazu ein, ihm die eine oder andere Bierrarität zu entnehmen.

Immer dabei ist eine Kreation, die man gern als einen Vorschlag an die Vorarlberger verstehen darf, sich auf eine neue Bieridentität zu verständigen. Der Oansa Sud vereint den Stolz der Traditionalisten mit der Hemmungslosigkeit, mit der ihre Gegenspieler Trends aus fernen Ländern absorbieren. Gefügig reiht er sich in die lange Reihe der für Österreich typischen Hellen ein. Gewürzt aber ist er wie der Paradetrunk der US-amerikanischen Craft-Beer-Szene, das obergärige Pale Ale. Die Hopfensorten Perle, Cascade und Sorachi Ace verleihen ihm ein wuchtiges Zitrus-Bouquet, das von einem Stich Zedernholz und Kokos abgefedert wird.

Als die Brüder Matthias und Simon Grabher am 5. März 2008 zum ersten Mal Wasser und Malz aufkochten, war in Vorarlberg noch weitestgehend unbekannt, was da draußen in der Welt so alles getrunken wird. Der erste Sud fiel bodenständig aus. Aber nicht, weil sich die Region von jeher nach Schwaben orientiert, wo Weizenbiere dominieren, sondern weil jedes seriöse Hobbybrauer-Buch empfiehlt, mit dieser Sorte zu beginnen. Später »haben wir wirklich alles verbraut, von Kiwi bis was weiß ich was«. Als Matthias Grabher dann das Elternhaus in Fluh für seine Familie um- und in die Waschküche eine Brauanlage einbaute, kristallisierte sich eine Spezialisierung auf Aromabomben nach US-amerikanischem Vorbild heraus.

**Adresse** Grabhers Sudwerk, Fluh 24 D, 6900 Bregenz-Fluh, www.grabhers.com | **Bierprofil** Oansa Sud (Pale Lager), diverse Ales, diverse Stouts, hopfengestopftes Pils, Weizen, Weizenbock und andere, vorwiegend exzentrisch gehopfte, zum Großteil unregelmäßig gebraute Kreativbiere | **Öffnungszeiten** 24-Stunden Selbstbedienungs-Kühlschrank | **Tipp** Diplom Biersommelier Hubert Kinz betreibt in Bregenz eine Bar mit einer fulminanten, ständig wechselnden Auswahl österreichischer und internationaler Flüssigspezialitäten: die Hopfenschenke im Goldenen Hirsch (www.hotelweisseskreuz.at).

FRASTANZ, BRAUEREI FRASTANZ

# 91 s'klenne
*Hier herrscht Lederhosenpflicht*

Weltweit dürfte es nicht viele Brauereien geben, denen einen Berggipfel zu besitzen so wichtig ist, dass ihr Chef persönlich zu ihm hinaufkraxelt und ihn besetzt, indem er auf der Felsnadel sein Biwak aufschlägt. Eigentlich schade, dass die Vorarlberger Presse die spektakuläre Aktion, die Liechtenstein 2017 dazu bewegen sollte, die auf ihrem Territorium gelegene Seite der Drei Schwestern an die Sudstätte zu verkaufen, im Nachhinein als Aprilscherz entlarvte.

Wegen des hervorragenden Wassers, das am Fuß der 2.053 Meter hohen Bergkette entspringt, entschied sich 1902 eine Genossenschaft aus 35 Gastwirten gegen Feldkirchen und für Frastanz als Standort für ihre Brauerei. Das vom Gestein gefilterte $H_2O$ bringt auch bei den hellen Sorten, die nur bei einem niedrigen pH-Wert optimal gelingen, den Hopfen zur Geltung. So gut, dass man keine Kunden gewann. Sondern Fans. Als die Kultmarke ihren lieben Vorarlbergern 2009 vorschlug, den mit 11,7° Stammwürze (4,9 Prozent Alkohol) geradezu harmlos leichten Klassiker »s'jubi« künftig in kleineren Portionen zu sich zu nehmen, nickten diese gern. Zum Beispiel um des Führerscheins willen. In 0,33 Liter Flaschen abgefüllt, heißt das golden glänzende, sanft karamellige, dezent grasige, einen Hauch Minze vortäuschende, überragend ausbalancierte Helle »s'klenne«. Als die Genossenschaft 2016 beschließt, neue Mitglieder aufzunehmen, wollen so viele Durstige Geld gegen Anteilsscheine tauschen, dass eine Warteliste aufgestellt werden muss.

Ethnologisch interessierte Bierreisende bevorzugen es, Frastanz im September aufzusuchen. Dann demonstrieren 20.000 Vorarlberger vor der denkmalgeschützten, 2023 um ein neues Sudhaus ergänzten Brauerei vier Tage lang ihre Bereitschaft, sich mit Bockbier zugrunde zu richten. Blasmusik meets Party-DJ. Food-Trucks wetteifern mit ganzen Spanferkeln vom Grill. Es herrscht Dirndl- und Lederhosenpflicht.

**Adresse** Brauerei Frastanz, Bahnhofstraße 22, 6820 Frastanz, Tel. 05522/517010, www.frastanzer.at | **Bierprofil** s'klenne und s'jubi (Helles in kleiner und großer Flasche), leichtes Helles, Hoppy (stark gehopftes Spezial), Dunkles, heller Bock, Honigbier | **Öffnungszeiten** Rampenverkauf Mo–Fr 8.30–18 Uhr, Sa 8.30–12 Uhr | **Tipp** In Feldkirch serviert die Braugaststätte Tisis zwar kein eigenes Bier, dafür aber eine große Auswahl flüssiger Spezialitäten aus Frastanz, Bayern und Belgien (Dorfstraße 28, www.loewen-tisis.at).

## 92 Privat Pils
*Retter des Abendlandes*

Als die Türken einmal mehr gegen die hoch über Friesach gelegene Burg Petersberg anrennen, erzählt eine Sage, wird ein Fass Pils aus der zweitältesten Privatbrauerei Österreichs zu ihrem Retter. Die Verteidiger verrammeln mit ihm das Tor. Treffer! Ein Strahl herrlichen Gerstensaftes ergießt sich in die staunenden Münder der Angreifer, die schließlich schwankend abziehen.

Kenner der Materie haben natürlich sofort erkannt, dass es sich bei dieser Mär um eine Fälschung handeln muss. Hauptverdächtiger: Ein Werbetexter, der der 1270 erstmals urkundlich bezeugten, an einer uralten Straße über die Alpen gelegenen Brauerei genau das andichtete, was die ebenfalls nur um Haaresbreite davongekommenen Wiener in den Jahren des Wirtschaftswunders dazu motivierte, ihre Fahrt an die Adria für ein leckeres Beuschel zu unterbrechen.

1961 revoltierten die Nachfahren Ferdinand Meyers, an den das landwirtschaftliche Gut mit Brauhaus und Taverne 1846 übergegangen war, gegen die Vereinbarung der Brauwirtschaft, allen Österreichern ein Märzen mit 12° Stammwürze vorzusetzen. Sensation: Im Braukeller von Hirt bekam man ein Pils gezapft! So unfassbar es heute auch klingen mag, eine flüssige Legende war geboren. Das mit perfekt weichem, aus 24 hauseigenen Quellen sprudelndem Brauwasser und Hopfen aus dem tschechischen Saaz gebraute, nur mild herbe Blondchen ließ den Jahresausstoß von 15.000 auf heute 125.000 Hektoliter ansteigen. Erfunden worden war dieser Biertyp freilich erst 1842. Lange nach den Türkenkriegen.

Eine Generation später wissen sie in Hirt ganz genau, dass auch eine Legende nicht unsterblich ist. Alle Sorten dürfen daher mindestens jene sechs Wochen lang reifen, die es braucht, damit sich Trübstoffe selbst abbauen. Haltbar gemacht werden sie lediglich durch eine doppelte Filtration. Und die Äcker rund um den Rast- und Biererlebnishof werden wieder mit Braugerste bestellt.

**Adresse** Brauerei Hirt mit Gasthaus Braukeller, Fachgeschäft Bierathek, Spielplatz, Kunst und GenussAkademie, Hirt 1, 9322 Micheldorf, Tel. 04268/2050214, www.hirterbier.at | **Bierprofil** Pils, Märzen, Zwickl, 1270 (Spezial), Dunkles, roter Bock, Weizen, Bio-Hanfbier, diverse saisonale Sondersude | **Öffnungszeiten** Rampenverkauf täglich 9–19 Uhr, Braukeller täglich außer Mi ab 11 Uhr, Bierathek Mo–So 9–18 Uhr | **Tipp** Klagenfurt wurde nach dem Aus der legendären, mit der Nordkärntner Brauerei eng verbundenen Gasthausbrauerei Hirter Bierbotschaft zumindest dieser Trost gegönnt: die Hirter GenussTheke, ein Bierkulinarik-Shop mit Ausschank (Koschatstraße 32-34).

# 93   Schleppe No. 1
*Der zugewanderte Stammtischbruder*

Einmal angenommen, es stimmt, dass in unserer globalisierten Welt alles mit allem zusammenhängt. Aber auch, dass es ohne Yin kein Yang, ohne Dunkel kein Hell geben kann. Dann wäre auf der einen Seite das dümmste Gesetz aller Zeiten zu nennen. Und auf der anderen der Titel des besten Pale Ales Europas. 2016 wurde er dem am Stadtrand von Klagenfurt gebrauten Schleppe No. 1 verliehen.

Typisch für Kärnten, hielt die 1607 erstmals erwähnte Schleppe Brauerei bis ins 19. Jahrhundert an einer Produktionsweise fest, die schon im Mittelalter überholt war. Man kochte die Würze auf, indem man Steine hineinwarf, die man im offenen Feuer zum Glühen gebracht hatte. 1827 wurde auf das Dampfbierverfahren umgestellt, mit dem erneut nur eine Billigplörre möglich war. 1872 endlich die Kehrtwende zum Märzen und ab 2001 in Folge einer baulichen Gesundschrumpfung der Aufstieg zur Gourmetmarke der Massen.

Und das dümmste Gesetz? Es wurde 1920 in den USA erlassen und stellte auch die rein private Bierherstellung unter Strafe. Als Jimmy Carter 1978 mit dem Hausbrau-Verbot ein letztes Erbe der Prohibition aufhob, schien das ganz Land nur darauf gewartet zu haben, seine Trinkkultur neu zu erfinden. Die Paradesorte der Craft-Beer-Bewegung: das obergärige, hellgelbe, an die sorgsam versteckten Rezepte der britischen und belgischen Einwanderer angelehnte Pale Ale. Knackig bitter. Dank seiner nicht minder intensiven Fruchtaromen zugleich perfekt ausbalanciert. Alltagstauglich. Süffig. Lecker.

Von daher: Eindeutig auf der Seite des Yang, des Lichts! Dass es der Edelmarke des Kärntner Zweigs der Brau Union mit dem Schleppe No. 1 gelang, das Pale Ale südlich des Alpenhauptkamms aus der Nische der Freaks zu befreien, es an den Stammtischen einzubürgern! Auch wenn niemand garantieren kann, dass es nicht doch heimlich in Villach gebraut wird, die Klagenfurter Sudstätte bald leer stehen wird.

Adresse Schleppe Brauerei, Schleppe-Platz 1, 9020 Klagenfurt, Teil. 04242/234946800, www.schleppe.at; Braugasthaus Felsenkeller, Feldkirchnerstraße 141, 9020 Klagenfurt, Tel. 0463/420130, www.felsen-keller.at | Bierprofil Schleppe No. 1 (Pale Ale), Märzen, Klagenfurter Stadtbräu (Zwickl), Hausbier | Öffnungszeiten Brauereiführung siehe Website, Voranmeldung erforderlich; Rampenverkauf Mo–Sa 8–12 Uhr und 13–16 Uhr; Braugasthaus Mo–Sa ab 11 Uhr | Tipp In Klagenfurt hat sich die Mikrobrauerei Lindwurm BrauCraft (www.lindwurm.beer) ganz der aus der USA nach Österreich herübergeschwappten Bierkultur verschrieben.

# 94 Carinthipa
*Das Wohlfühlaroma der Provinz*

Man nehme zwei Kärntner Buam, die in die Welt hinausziehen. Des Abenteuers wegen. Wie das in einem Märchen halt so üblich ist. Nur dass sich in diesem Fall herausstellt: Sie können und sie wollen nicht an einem anderen Ort als in ihrem heimatlichen Gailtal erwachsen werden. Zurückgekehrt, entwächst aus einem Jux ein kleines Bierimperium. 2003 rühren Alois Planner und Klaus Feistritzer in Omas altem Suppentopf Wasser, Bier und eine Handvoll Hopfen zusammen. In dem Wissen, dass sie sich im wirtschaftlich eher instabilen Alpinistenmekka Kötschach-Mauthen selbst einen Arbeitsplatz erfinden müssen.

Exakt zwanzig Jahre später. Die nach dem römischen Namen für die kleinere, stets an zweiter Stelle genannte Hälfte Kötschach-Mauthens getaufte, offiziell 2007 gegründete Biermanufaktur Loncium ist jetzt mit einem Hotel verschmolzen, das Sudhaus auch wegen der vielen Kuckucksbrauereien, die dort ihre Trendbiere produzieren lassen, mehr als ausgelastet. Aber keines dieser im letzten Jahrzehnt in den Universitätsstädten wie die Pilze aus dem Boden geschossenen Labels darf sich rühmen, das Rezept für das beste India Pale Ale Österreichs kreiert zu haben. Die Auszeichnung geht an eine auf 720 Meter Seehöhe gelegene Provinzbrauerei.

Carinthipa – ein Wortspiel aus der alten Schreibweise von Kärnten und dem Sortenkürzel IPA – heißt die 2023 zum Besten der Besten ausgerufene Aromenbombe. Extrem bitter. Dennoch zärtlich zur Zunge. Der Mundraum bei jedem Schluck vor Mango- und Zitrus-Noten nur so strotzend, die dann von der Bittere gnadenlos vertrieben werden. Auf dass der nächste Schluck das Wohlfühlaroma wiederherstellt. Vorläufig. »Fern weg von den Massenprodukten der Konzerne« für außergewöhnliche, vielfältigere und intensivere Geschmackserlebnisse zu sorgen, hat sich Loncium als Motto auf die Website geschrieben. Selbstverständlich war das aber gar nicht geografisch gemeint!

**Adresse** Biermanufaktur Loncium, Loncium Bierhotel und Brew Pub, Mauthen 60, 9640 Kötschach-Mauthen, Tel. Brauerei 0664/88941055, Tel. Hotel/Brew Pub 04715/284, www.loncium.at, www.bierhotel-loncium.at | **Bierprofil** Carinthipa, Helles bayerischer Art (auch unfiltriert), Wiener Lager, Dunkles Weizen, Weizenbock, Milkstout, saisonale und Kreativbiersondersude | **Öffnungszeiten** Rampenverkauf Mo – Fr 8 – 13 Uhr, Brew Pub täglich ab 16 Uhr | **Tipp** Das von Erwin Zupancic betriebene Label »Der Bierix« aus Radentheim am Nockberg ist eine jener Kuckucksbrauereien, die bei der Umsetzung ihrer Rezepte auf das Können von Loncium vertrauen.

# 95 — Heller Rudolph
*… dann ist er eben aus*

Keine neun Quadratmeter, dafür mit einem großzügigen Ausblick auf das Häusermeer von Villach gesegnet. Am steilen Hang des Wollanigbergs hat sich Rudolf Malle 2013 einen Adlerhorst eingerichtet, der den Superlativ der kleinsten Brauerei Kärntens für sich beansprucht. Freunde des Besonderen, denen keine Sudstätte zu abgelegen ist, bezeichnen sein Kämmerchen als eine der feinsten Adressen südlich des Alpenhauptkamms. Gerade weil sich Rudolf Malle die Freiheit nimmt, dass eine Sorte bei jedem Sud einen Tick anders ausfallen darf. Er will schließlich nicht die Vorausberechnung eines chemischen Labors abarbeiten, sondern Naturprodukte herstellen.

Der Platz reichte gerade so für ein 50-Liter-Sudwerk und eine Person, sofern sie weder zu viel auf den Rippen, noch zu lange Arme hat. Spaß beiseite: In Wirklichkeit erweisen sich neun Quadratmeter sogar dann als völlig ausreichend, wenn Rudolf Malle vier Neugierigen das Brauen beibringt. Weniger ist mehr, lautet die Devise. Als der Werbegrafiker sein Hobby 2013 zum Beruf machte, sagte er dem Computer: Auf Nimmerwiedersehen! Sein Sudwerk wird vom Hand gesteuert. Sonst wäre sein Bier ja nicht handwerklich. Der Ausstoß gehorcht nicht der Nachfrage. Wenn sein Paradetrunk, der helle Rudolf, aus ist, dann ist er eben aus. Es gilt – mit Ausnahme eines Weihnachtstrunks – das bayerische Reinheitsgebot, das nur Wasser, Malz, Hopfen und Hefe als Zutaten erlaubt.

Ob sich ein Freund des Besonderen, der sich auf Straßen, die für ein Auto eigentlich zu schmal sind, zu Rudolf Malle hinaufquält, wirklich auskennt, merkt man daran, dass er ihn um das Helle bayerischer Art bittet. Denn nur bei dieser Sorte lässt sich im Nachhinein nicht der kleinste Fehler korrigieren, zeigt sich, was ein Brauer wirklich kann. Zarte Karamelltöne. Schöne florale Aromen. Ein Hauch von grünem Apfel. Perfekt! Der helle, unfiltrierte Rudolf – ein Braukunstwerk.

**Adresse** Malle Biermanufaktur, Hochpirkachweg 3, 9500 Villach-Oberwollanig, Tel. 0660/7624040, www.mallebier.at | **Bierprofil** heller Rudolf (Helles bayerischer Art), diverse untergärige Sorten sowie Ales, Weihnachtsbier mit Ingwer und Gewürzen | **Öffnungszeiten** bei kurzem vorherigen Anruf Mo–Fr 9–12 Uhr und 14–17 Uhr | **Tipp** Unten in Villach stehen die Chancen, ein Malle-Bier zu erwischen, bei Dein's & Mein's am besten, einem gemeinnützigen Vermarkter regionaler Handwerksprodukte (Lederergasse 28, www.deins-und-meins.at).

# 96 Granat

*Der Edelstein, der nach Rosinen duftet*

Besitzen die Bewohner des Gegendtals, das sich im Süden an die Nockberge schmiegt, ein spezielles Gen? Sind ihnen wegen diesem kurze Transportwege so wichtig? Spötter behaupten das. Mit demselben Augenzwinkern, mit dem eine immer größer werdende Schar von Genussmenschen gesteht, nicht anders zu können, als sich alle paar Wochen bis in einen Vorort von Radenthein vorzukämpfen. Ihr Ziel: ein Wirtshaus mit dem schönen Namen Gartenrast. Beziehungsweise: sich dort ein selten gutes Bier zapfen zu lassen, das nur hier, in diesem Tal, zu haben ist und das gerade einmal 100 Meter weit entfernt zur Vollendung gereift ist.

In Wahrheit war es natürlich nicht die Gefahr, durch ein Unwetter – wie bei den Starkregen von 2023 – von den Nachschublagern der Villacher Brauerei abgeschnitten zu werden, die Uli Bacher 2013 bewog, auf Eigenproduktion umzustellen. In München zum Braumeister ausgebildet, sammelte er bei einer Schweizer Sudstätte reichlich Praxiserfahrung, bevor er Ende der 1990er Jahre das Wirtshaus seiner Eltern übernahm. Die hatten eine bescheidene Jausehütte zu einem Touristenhotspot ausgebaut. Bis heute ist die Gartenrast für jene sensationell guten Backhendl berühmt, auf die sich der Junior erst einmal konzentrierte.

Instinktiv macht es die große Mehrheit von Bachers Gästen richtig. Zum Essen bestellt sie sich mit dem Hellen jene Sorte, die sich dem Aromenspiel einer Speise unterordnet. Wer hernach die beiden anderen probiert, wird sich aber auf ewig und mit derselben Selbstverständlichkeit an einer anderen festtrinken. Das Granat ist Bachers Verneigung vor jenem Edelstein, der den Bewohnern von Radenthein einst ihr Auskommen sicherte. Mag das malzige, intensiv nach Rosinen duftende und dennoch nicht zu süße Halbdunkle farblich nur bedingt an den bis 1909 im großen Stil abgebauten Kristall erinnern, geschmacklich ist es der wahre Schatz der abgelegenen Region.

**Adresse** Shilling und Gasthaus Gartenrast, Gartenraststraße 12 und 9, 9545 Radenthein, Tel. Brauerei und Gasthaus 04246/2017, www.shilling.at, www.gartenrast.at | **Bierprofil** Granat (Halbdunkles), Helles, Pale Ale | **Öffnungszeiten** Brauerei Fr/Sa 17–23 Uhr, Gasthaus Mi–So 11–22 Uhr | **Tipp** Die ganze Vielfalt der privaten, meist kleinen regionalen Brauereien kennenzulernen ermöglicht das Kärntner Bierfest, das stets um den Unabhängigkeitstag der österreichischen Privatbrauereien herum und damit Anfang Juni stattfindet. Google kennt die Details.

# 97 — Villacher Hausbier
*Tänzchen im Mundraum*

Ein Stückchen aus der Altstadt hinaus gerückt. Den Fluss, der lange die Grenze zwischen dicht an dicht gedrängten Behausungen und einem Freiraum für Neues markierte, vor der Nase. Der Standort, an dem Jakob Fischer 1738 mit dem Gasthof zum Schiestlwirt den Grundstein für die größte Brauerei Kärntens legte, hätte nicht besser gewählt sein können.

Wer heute über den pittoresken Hauptplatz von Villach schlendert, vermag sich kaum vorzustellen, dass die Stadt im Zweiten Weltkrieg 42.000 Bomben zu verkraften hatte. Dass nicht wenige die Qualität des Villacher Biers in Frage stellen, ist auch eine Spätfolge des Wiederaufbaus. Vor 1944 von einem bildhübschen Fabrikschloss eingenommen, erweckt das Areal den Anschein, dass da jemand einem mächtigen Sanierungsstau nicht gewachsen ist. Das Auge diktiert dem Gehirn, was wir empfinden. Es trinkt mit. Was es nicht zu sehen bekommt: Nachdem der Heineken-Konzern mit der Brau Union 2003 auch die Villacher Brauerei anteilig übernommen hatte, wurde das Innenleben – Sudhaus, Gär- und Reifekeller – komplett erneuert. Und auch nicht, dass am aufwendigen Zweimaischverfahren und der langsamen Vergärung mit natürlichen Hefen festgehalten wird. Alles traditionell und frei von den chemischen Tricks und Genmanipulation, die in anderen Ländern gang und gäbe sind.

Was das dem Gaumen bringt, lässt sich ebenfalls vor Ort überprüfen. Auf der Schauseite, im Brauhof, dem einstigen Schiestlwirt. Ein perfekter Ort, um das Hausbier zu entdecken, ein malzbetontes, dunkelblondes Lager, das es nur in der Gastronomie gibt. Karamellig, ja schon beinahe süß, führt der feinperlende Gegenentwurf zum hopfenbetonten Märzen im Mundraum ein ganzes Potpourri an Tänzchen auf. Die raffinierte Malzmischung macht's. Auch große Brauereien wie die Villacher würden gern öfters zeigen, was noch so alles kongenial mit einem Festtagsbraten harmoniert.

**Adresse** Villacher Brauerei, Brauhausgasse 6, 9500 Villach, Tel. 04242/23494 6800, www.villacher.com; Gasthaus Villacher Brauhof mit Craft Beer-Bar Biereck, Bahnhofstraße 8, 9500 Villach, Tel. 04242/24222, www.villacherbrauhof.at; Rampenverkauf, Franz-von-Tschabuschnig-Straße 8-12, 9500 Villach | **Bierprofil** Hausbier, Märzen, Pils | **Öffnungszeiten** Brauhof täglich außer So ab 11 Uhr, Rampenverkauf Mo 8–15 Uhr, Di–Do 8–16 Uhr, Fr 8–15 Uhr | **Tipp** In Bleiburg wurde 2007 eine alte Steinbierbrauerei zu neuem Leben erweckt. Das entdeckenswerte Brauhaus Breznik ist in das gleichnamige Wirtshaus integriert (www.brauhaus.breznik.at).

# 98 — Lemisch
*Naturstoff mit Nebeneffekt*

Wenn das nördlich von St. Veit an der Glan gelegene, dünn besiedelte Wimitztal, für etwas bekannt ist, dann als Region des Grauens. Es heißt, dass in alter Zeit Schwerverbrecher dorthin abgeschoben wurden und ein gewisser Ferdinand Wieser einer von ihnen war. Selbst nie nüchtern, brachte er einem der schlimmsten Serienmörder aller Zeiten in viel zu jungen Jahren das Saufen und Stehlen bei. Jack Unterweger, der bei ihm aufwuchs, tötete 1990 – vorzeitig aus der Haft entlassen – elf Prostituierte.

Umso mehr hörte ganz Kärnten auf, als 2011 endlich etwas Gutes aus dem Tal nach außen drang. Und tatsächlich: Die Vision von vier Enthusiasten, die sich zufällig bei einem Bierchen kennen gelernt hatten, könnte dessen Image dauerhaft zum Positiven wenden. Unweit des 34-Seelen-Weilers Wimitz bauten sie ein altes Sägewerk zu einem Sudhaus um. Das Brauwasser sprudelt gleich dahinter aus einer Quelle, deren Schüttmenge dem Ausstoß eine natürliche Grenze setzt. Ihr Getreide baut die Wimitzbräu selbst an. Seit 2017 auch ihren Hopfen. Alles mit Bio-Zertifizierung. Auf technische Verfahren zur Haltbarmachung wird verzichtet. Auch wenn die Biere dadurch nur recht kurz haltbar und deshalb außerhalb von Kärnten kaum zu bekommen sind. Eine Brauphilosophie mit Nebeneffekt. Mit jedem Fläschchen hat sich auch herumgesprochen, dass im Wimitztal etliche vom Aussterben bedrohte Arten eine Arche gefunden haben, sich dort sogar noch Otter tummeln.

Und wie schmeckt's? Zum Beispiel das Dunkle. Leichter Geruch nach Malz und Karamellnoten. Im Antrunk malzig mit leichter Karamellnote und dezentem Röstaroma. Ausgewogene Bittere. Ursprünglich. Charakterstark. Außergewöhnlich. Benannt ist es nach der Familie, die das Sägewerk betrieb und deren bekanntestes Mitglied, der Politiker Dr. Arthur Lemisch, eine Volksabstimmung initiierte, die 1920 den Anschluss Südkärntens an Slowenien verhinderte.

**Adresse** Wimitzbräu, Wimitz 7, 9311 Kraig, Tel. 04212/28074, www.wimitzbraeu.com | **Bierprofil** Lemisch (Dunkles), Märzen, Pils, Pale, Ale, India Pale Ale, saisonal: dunkler Bock, Weizenbock, Sommer-Ale | **Öffnungszeiten** Rampenverkauf auf Anfrage | **Tipp** Im winzigen, einen Tick östlich von St. Veit an der Glan gelegenen Goggerwenig, lockt das in einem 500 Jahre alten Gebäude untergebrachte Wirtshaus Gelter mit traditioneller Küche und selbst gebrautem Bier (www.wirtshaus-gelter.at).

BAD RADKERSBURG, BRAUHAUS BEVOG

# 99__Tak
*Banksy in flüssig*

Unten im Südosten. Die Landschaft verweigert aus gutem Grund die Auskunft, wo Slowenien beginnt. Erst metzelten die Nationalsozialisten alles »Nichtdeutsche« nieder. Dann rächten sich jugoslawische Partisanen. Das bis dahin multikulturelle Radkersburg wurde geteilt, das Flüsschen Mur zum Eisernen Vorhang, der Stadtteil Oberradkersburg zum slowenischen Gornja Radgona. Und dann…

… ging er dort aufs Amt: Vasja Golar. Wer glaubt, dass Österreichs Bürokratie ein Monster ist: ein niedliches! Hingehalten, vertröstet, wieder hingehalten, zeigte er jener Generation den Mittelfinger, die das 20. Jahrhundert nicht abschütteln kann. Er machte rüber. Deutsch sprach der Sohn einer Unternehmerfamilie keines, als 2013 drei Kilometer jenseits der Grenze Bagger für ihn anrollten. Das Tak – Golars Flaggschiff – machte Tak. Eine große Halle musste angebaut werden. Erneut Platzmangel. Expansionsstopp. Der Qualität wegen. Bevog, eine slowenische Brauerei auf österreichischem Boden. Die ganz nebenbei die Mauer in den Köpfen abträgt.

Was Bevog bedeutet? Oder Tak? Vor sich hin gebrabbelt, klingt das zweite für Vasja Golar nach einem Pale Ale. Reicht doch als Erklärung. Bevog. Restart. Biere, die für das Lebensgefühl jener Generation stehen, die den Ballast der Geschichte nicht aufheben wird. Tak ist: dein Skateboard. Cooler Grind, man! Bevog ist: gelangweilt von der Idee, ständig dasselbe zu brauen. Mach dich glücklich mit den 15 Sorten, die es gerade gibt. Radikal, kompromisslos, aber immer so, dass auch Einsteiger in den Kosmos der hopfigen Ales hineingezogen werden. Und der Stouts, die einen Koffeinschock simulieren. Kult in Slowenien. Kult in Wien. Braupartner slowenischer Kultbands. Braupartner steirischer Winzer, die mit Vasja Golar jedes Jahr ein Grape Ale kreieren, einen Bier-Wein-Hybriden. Bevog ist: cool solide Contemporary Art auf der und in der Dose. Banksy in flüssig.

**Adresse** Brauhaus Bevog und Bevog Top Room, Gewerbepark B9, 8490 Österreich, Tel. 03476/4154313, www.bevog.com | **Bierprofil** Unzählige, ständig wechselnde Sorten vorwiegend aus der Großfamilie der Ales; teils mit holzfassgereifter Edelversion, Fruchtbiere, Sauerbiere; jährlich in Kooperation mit lokalen Winzern ein Grape Ale (Bier-Wein-Hybride) | **Öffnungszeiten** Tap Room mit Shop Di–Do 11–18 Uhr, Fr und Sa 11–20 Uhr | **Tipp** Wer sich in der Altstadt des abgelegenen Bad Radkersburg umsehen will, kann sich natürlich auch ein Tak oder eine andere Köstlichkeit von Bevog servieren lassen. Direkt am Hauptplatz – im Café-Restaurant Xpresso (www.xpresso.at).

FÜRSTENFELD, NIBELUNGENGOLD PRIVAT-BRAUEREI UND DESTILLERIE

# 100 Walküre
*Der Champagner, der die Ritter fällt*

Ein Herrengedeck bitte! Produktionstechnisch unterscheidet sich der Hochprozenter nur marginal von jenem Basisgetränk, das die Menschheit bei ihrer Sesshaftwerdung ins Zentrum ihrer Freizeitrituale rückte. Bei beiden wird in Schritt Nummer eins ein Brei angerührt, um ihm dann der Arbeit von Bakterien – dem Verfaulen – zu überlassen.

Als Markus Gruber in das Wohnhaus seiner Familie 2011 eine Profi-Destille einbaute, um das Genussangebot des hübschen, nur halt leider arg abgelegenen Fürstenfeld um eine Manufaktur für starke Flüssigkeiten zu erweitern, hatte er sich in den Kopf gesetzt, die Welt mit einem steirischen Whisky zu verblüffen. Der Haken: Dieser König der Schnäpse muss mindestens drei Jahre reifen. Egal, denn der ehemalige Technische Leiter der traditionsreichen Fürstenfelder Tabakfabrik hatte sich ja automatisch eine Brauanlage ins Haus geholt. Denn auch für Whisky wird erst Malz geschrotet, dann eingeweicht, zu einer Suppe verkocht, geläutert und vergoren. Und es wäre schade, das Sudwerk ungenutzt herumstehen zu lassen.

Wie bei den Bränden, setzen sich er und seine Frau Daniela, die das Backoffice des Familienbetriebs verantwortet, auch bei ihren Bieren elegant über die Konventionen der regionalen Genusskultur hinweg. 2016 sorgten sie mit einem Bock für Furore, bei dem Spargel auf der Zutatenliste stand. 2018 begeisterten sie die Juroren der Austrian Beer Challenge mit einem orange schimmernden, bernsteindunklen Starkbier, dem ein nachgelagerter Mehraufwand ein verblüffendes Prickeln verleiht. Die Walküre, deren acht Prozent auch den stärksten Ritter umhauen, wird durch jenes Reifungsverfahren veredelt, das ein Benediktinermönch Namens Dom Pérignon, Cellar der Abtei Hautvillers in der Champagne, in den 1670er Jahren entwickelt hatte. Ein steirischer Champagner also. Lieblich süß. Gefährlich süffig. Und kolossal anders, obwohl nur einen Tick säuerlich.

**Adresse** Nibelungengold Privat-Brauerei und Destillerie, Franz-Bauer-Weg 4, 8280 Fürstenfeld, Tel. 00664/8636564, www.nibelungengold.at | Bierprofil Walküre, Zwickl, Bernstein, Dunkles, Rosenbier, im Whiskyfass gereifter Bock, saisonal: Weizen, Hanfbier, Spargelbier | Öffnungszeiten Probierausschank und Rampenverkauf Mo und Di 7.30–12 Uhr und 14–19 Uhr, Mi 14–19 Uhr, Do 7.30–12 Uhr und 14–19 Uhr, Fr 7.30–12 Uhr | Tipp Mit Eders Bio Bier und der Fürstenbräu bietet Fürstenfeld zwei weitere entdeckenswerte Kleinbrauereien.

# 101 Das »bierige« Bier
*Die Anführungszeichen mitsprechen!*

Wenn am Himmel über der Steiermark ein sanftes Blau aufzieht, kann es passieren, dass die Schlange der Autos, die sich vor der Frontscheibe um zig Kurven windet, zum Stillstand kommt. Denn an solchen Tagen ist der fliegende Durstmacher mit dem Panther unterwegs. Der Fesselballon des Lieblingsbiers von 1,2 Millionen. In den Autos programmieren sie ihr Navi um. Neues Ziel: Graz. Südlicher Stadtrand. Der Geburtsort von jährlich 200 Millionen Krügerl jenes Trunks, der so bekannt ist, dass er keinen Namen nötig hat. Man bittet um das »bierige« Bier – mit Anführungszeichen. Man bekommt, wonach sich der Gaumen sehnt.

1838 gegründet, musste die Brauerei Puntigam ein Jahrhundert lang damit leben, dass ihr jemand anderes immer einen Schritt voraus war. Dann kamen die Bombengeschwader des Zweiten Weltkriegs und legten den Platzhirsch, die Reininghausbrauerei, in Schutt und Asche. Von den Nationalsozialisten zwangsfusioniert, wagten beide Marken 1947 am Standort Puntigam den gemeinsamen Neuanfang.

Für den unnachahmlichen Charakter eines Puntigamers von größerer Bedeutung ist das Faible der Familie Reininghaus für den steirischen Hopfenanbau. Dank ihr wurde er 1950 in Leutschach wieder aufgenommen. Exklusiv, was die fast schon aufmüpfige Würzigkeit der in den Nachkriegsjahrzehnten beliebtesten Sorte erklärt, des Panthers, aber auch des Nachfolgers, der mit 11,5° Stammwürze einen Hauch leichter im Glas liegt. Teilweise erklärt ... Das Wasser der hauseigenen Tiefbrunnen hat einen hohen Sulfatgehalt. Dieses Mineral hebt den trockenen Charakter eines Bieres hervor. Daher kann der Mix aus Bitter- und Aromahopfen zugunsten der Letztgenannten verschoben werden. Die Folge: eine höhere Geschmacksintensität. Bleibt als Drittes der beweglich-vitale Körper zu nennen. Grund hierfür: ein exklusives helles Malz, dessen Herstellungsverfahren ebenfalls auf die Reininghaus zurückgeht.

**Adresse** Brauerei Puntigam, Triester Straße 357–359, Braugasthaus Triester Straße 361 (nur Biergarten!), 8055 Graz, Tel. Braugasthaus 0316/297100, www.puntigamer.at, www.puntigamer-brauhaus.at | **Bierprofil** Das »bierige« Bier (Helles), Panther (Märzen), Zwickl, saisonal: Winterbier | **Öffnungszeiten** Rampenverkauf Mo–Fr 9–12 Uhr und 12.30–16.30 Uhr, Brauereibesichtigung und Verkostungen siehe Brauereiwebsite; Brauereigasthaus in der Biergartensaison Mi–So ab 10.30 Uhr | **Tipp** Die Grazer Firma Anton Paar ist auf Messtechnik für Brauereien spezialisiert. Eigentlich. 2018 baute sie sich eine Kleinbrauerei. Tagsüber als Versuchslabor und Firmenkantine genutzt, verwandelt sie sich abends in einen eleganten Brewpub (www.sudhaus.at).

# 102 Reininghaus Jahrgangspils
*In bester Erinnerung*

Was waren das für Zeiten! Damals, als die Kinder – stets im Schwarm unterwegs – all ihren Mut zusammennahmen und den massigen Vierbeinern an ihre schrecklich dicken Hörner fassten. Um 1900 waren Büffel in Graz ein alltäglicher Anblick. Die Reininghausbrauerei hatte extra einen Schlammteich anlegen lassen, damit sich ihre Maskottchen, die die Wirte der Innenstadt belieferten, einen artgerechten Feierabend gönnen konnten.

Mit dem ihr ureigenen Mitteln hält die Brauerei Puntigam, in der die Reininghausbrauerei 1947 aufging, die Erinnerung an jene Grazer Bierdynastie am Leben, in deren Auf und Ab sich die Vitalität der k.u.k. Ära, aber auch die Fahrlässigkeit spiegelt, mit der sich Österreich im 20. Jahrhundert gleich zwei Mal zu suizidieren versuchte. Einmal im Jahr gebraut, wird das Reininghauser Jahrgangspils mit der in der Steiermark angebauten Hopfensorte Celeja gewürzt. Genauer: der letzten Ernte. Wie diese fällt auch der elegante, fein herbe Edelstoff stets einen Tick anders aus. Im Fass wird er nur an 1.000 handverlesene Restaurants und Gaststätten ausgeliefert. Es gibt ihn auch in der Flasche. Aber nur frisch vom Hahn kann sich bei perfekter Temperierung und perfektem Zapfen zum idealen Geschmacksprofil eine ideale Perlage hinzuaddieren.

In nicht einmal zwei Jahrzehnten hatte Johann Peter Reininghaus ein von ihm 1853 angekauftes Gutsgehöft zu einer der modernsten und größten Brauereien Österreichs ausgebaut. Der Erste Weltkrieg brachte den Sudbetrieb nahezu zum Erliegen – und mit ihm umfassende soziale Wohnbau- und Fürsorgeprojekte. Als man wieder Österreichs zweitgrößte Brauerei war, verwiesen die Nationalsozialisten die Familie des Landes, enteigneten und zerschlugen ihr Imperium. Peter Reininghaus überstand das Kriegsende in Italien in einem Dachbodenversteck. Als er 1945 in Graz neu anfangen wollte, war die Reininghausbrauerei ein Trümmerfeld.

**Adresse** Brauerei Puntigam, Triester Straße 357–359, 8055 Graz, www.puntigamer.at, www.jahrgangspils.at | **Bierprofil** für die Marke Reininghaus: Jahrgangspils | **Öffnungszeiten** auf der Website zum Bier findet sich eine Liste der Restaurants, die das Jahrgangspils ausschenken | **Tipp** Besonders gut schmeckt das Jahrgangspils im 1618 gegründeten Wiener Nobellokal Zum Schwarzen Kameel – wegen der Möglichkeit, es mit einer unscheinbaren Spezialität des Hauses zu kombinieren, einer Beinschinkensemmel (www.schwarzeskameel.at).

LEOBEN, GÖSSER BRAUEREI

# 103 Stifts-Zwickl hell
*Mal was anderes riskieren*

Lässt sich am Grad der Herzlichkeit ablesen, wie es um das große Ganze bestellt ist, mit dem sie im Braugasthaus in Leoben das Bedürfnis des Menschen in den Mittelpunkt rücken, sich vom ersten Schluck an wie daheim zu fühlen? Von welchen Standort aus auch immer man eine Pilgerreise zur größten Sudstätte der Steiermark antritt: Masse und Klasse, so die Erkenntnis, sind also doch miteinander vereinbar!

Gern darf man sich über die nachteilige Lage der 1459 erstmals urkundlich erwähnten Gösser Brauerei wundern. Hopfen und Malz müssen von weither herangekarrt werden. Aus diesem Grund ließen sich die Benediktinerinnen lieber gleich fertigen Wein kommen, die 1004 jenes Kloster gründeten, das den Kern des stadtteilgroßen Betriebsgeländes bildet. 1860 erkannte Max Kober, Sohn eines Grazer Bauunternehmers, den enormen Durst, den die Eisen- und Industriestadt dann auch in den nächsten Jahrzehnten entwickelte. Der weitere Weg zum Geniestreich, das Radler anstatt mit Limonade mit echtem Zitronensaft zu strecken, wird im hauseigenen Museum bravourös erzählt.

Erster Tipp: Sich vor dessen Besuch im einen Steinwurf entfernten, zugleich auf Effizienz getrimmten und behäbig bodenständigen Braugasthaus stärken. Registrieren, dass man dort die Stammgäste noch mit ihrem Namen begrüßt. Sich begeistern, dass sich die Küche nicht vor dem Risiko drückt, Fremde vor den Kopf zu stoßen. Auf der Karte: eine vom Aussterben bedrohte Suppeneinlage, die jeden Nicht-Steirer überfordert. Fleischstrudel. Zweiter Tipp: Auch selbst mal was riskieren. Beim Getränk. Für das helle Zwickl lässt sich Gösser extra den Aromahopfen Celeia alias Styrian Golding kommen, der am Südrand der Steiermark im kleinen Stil angebaut wird. Er veredelt das breitbeinige, trübe Nass mit einem Stich Zitrone, Pinie und einem blumigen Unterton. Gleich noch eines, bitte! Gösser, das ist mehr als ein kultisch verehrtes Märzen.

**Adresse** Gösser Brauerei und Brauereierlebniswelt/Museum Gösseum, Brauhausgasse 1; Rampenverkauf, Turmgasse 48, Tel. 03842/20905924; Braugasthaus, Turmgasse 3, Tel. 03842/28530, 8700 Leoben, www.goesser.at, www.gösserbräu-leoben.at | **Bierprofil** helles und dunkles Zwickl, Märzen, Helles, Dunkles, Spezial, Gold, Bock | **Öffnungszeiten** Führung durch das Gösseum (Museum und Erlebniswelt) Do 17.30 Uhr, Sa und Feiertag 11 und 14 Uhr; Rampenverkauf Mo–Fr 8.30–12 Uhr und 12.30–15 Uhr; Braugasthaus täglich außer Mi ab 11 Uhr | **Tipp** Weitere, an die Gösser Brauerei und ihre Genussstandards gebundene Wirtshäuser gibt es in unter anderem in Wien (www.goesser-bierklinik.at, www.goesserbraeu1160.at, www.goesserschloessl.at), Lienz (www.brauereiwirt.at, www.goesserbraeu-lienz.at) und Graz (www.goesserbraeugraz.at).

## 104 Murauer Märzen
*Bahnfahrt zur Extraklasse*

Folgende drei Ingredienzien garantieren, dass sich eine Exkursion ins Kleinststädchen Murau als ein Ausflug der Extraklasse herausstellt: Berge, Eisenbahnnostalgie – und ein Märzen, das bei internationalen Qualitätswettbewerben mehrfach zum Besten des Landes erklärt worden ist. Geboren und in schreiend gelben Bierkästen verkaufsfertig gemacht wird der Inbegriff österreichischer Flüssiggenusskultur in der Einsamkeit eines dünn besiedelten Flusstals. Tief im Nirgendwo der steirischen Alpen.

Der Bau einer vierten, am Rand der schmalen Altstadt gelegenen Sudstätte 1495 gilt als Gründungsjahr der Kultmarke Murau. Dass nur sie die Stürme der Zeit überstanden hat, ist zuvörderst auf den 14. Juli 1910 zurückzuführen. An diesem Tag verschafften sich die ersten von heute gut 530 Gastwirten ein Mitspracherecht, indem sie Anteilsscheine zeichneten, wurde der Familienbetrieb in eine Genossenschaft umgewandelt. Wer Tag für Tag am Zapfhahn steht, kennt die Vorlieben seiner Schluckspechte genauer als ein im Elfenbeinturm kasernierter Manager. Weshalb in Murau die für die charakterstarke Aromatik eines Märzens entscheidende, zugleich aber teuerste Zutat, der Hopfen, vom auch dort grassierenden Sparzwang ausgenommen ist.

Ausgangspunkt: der Umsteigepunkt Unzmarkt an der Rudolfsbahn. Gut 40 Minuten braucht die Murautal-Schmalspurbahn, um sich am Fluss entlang in die bildhübsche, 3.400 Seelen kleine Bierstadt hinaufzuschrauben. Im gemütlich modernen Braugasthaus für eine solide Grundlage sorgen, da die zweistündige Führung in der Chance mündet, alle Sorten zu verkosten. Nachdem die Produktion 1988 ein paar Meter weiter in einen Neubau umgezogen war, gönnte man sich im Altbestand ein zehn Hektoliter kleines Schausudwerk, das Exoten wie ein Stout und Pale Ale möglich macht. Ein enormer Durst ist gefragt! Neben dem Märzen gilt es, an weiteren zwölf Sorten mindestens zu nippen.

Adresse Brauerei Murau, Raffaltplatz 19–23, 8850 Murau, Tel. 03532/32660, www.murauerbier.at; Braugasthaus, Raffaltplatz 17, Tel. 03532/2437, www.brauhaus-murau.com; Fahrplan der Muraultal-Schmalspurbahn auf www.steiermarkbahn.at | Bierprofil Märzen, Zwickl, Pils, Dunkles, Bock, hopfengestopftes Märzen, zwei helle Weizen, Kristallweizen, Black Hill, Pale Ale, Stout, Klosterbier | Öffnungszeiten Brauereiführung/Brauerei der Sinne außer Nov. und Dez. Di–Sa 14 und 16 Uhr; Bier- und Souvenirshop außer Nov. und Dez. Di–Sa 14–18 Uhr; Rampenverkauf (Bahnhofviertel 12, 8850 Murau) Mo–Fr 8–11.30 Uhr; Braugasthaus täglich ab 10 Uhr | Tipp Vom Murauer Bahnhof aus gesehen kurz vor dem Brauereiwirtshaus, aber auf der anderen Straßenseite, erinnert die Brauerei Murau mit dem Tap-Room und -Souvenirshop Bier Apotheke an jene Zeiten, in denen unser aller Hopfentee auch als Heilmittel Verwendung fand.

OBERTIEFENBACH (KAINDORF), BRAUEREI GRATZER

# 105 — Hermann
*Vom Hasen, dem Igel und dem Bär*

Offiziell hätte er gar nicht von der köstlichen Suppe kosten dürfen, die er angerührt und mit Hefe genährt hatte. Sein Hase aber auch nicht. Alois Gratzer war erst 15 Jahre alt, als auf dem Hof seiner Eltern die ersten Vorzeichen einer Karriere als Brauer in der Luft lagen. Und mit ihnen der Verdacht, dass das Langohr, das die Verkostung natürlich bestens überstand, auf ewig dort herumhoppeln würde. Es kam, wie es musste. Wo über Jahrzehnte Gemüse für den Abtransport nach Wien gepackt wurde, zog 2002 ein Sudkessel ein.

Wer in der Steiermark nach privaten Biermanufakturen Ausschau hält, wird sich erstaunt die Augen reiben. Sind sie doch wie Pilze aus dem Boden geschossen. Unbedingt kennen muss man zuvorderst eine. Die mit dem Hasen im Logo. Längst hatten die tierisch guten Leckereien der Brauerei Gratzer etliche Preise eingeheimst, als sie 2014 endlich auch in Flaschen zu haben waren. Der Johann, ein meisterlich ausbalanciertes Märzen mit einem Igel auf dem Etikett. Der Ludwig, ein wuchtiger Bock – mit einem Steinadler illustriert. Und nicht zuletzt der Braunbär Hermann. Bei diesem Dunklen sind die Noten röscher Brotkruste, eine schwer verliebte Süße und ein Hauch Bitterschokolade so gekonnt ineinander verwoben, dass sich schon so mancher für missioniert erklärt hat, der diesen Bierstil normalerweise meidet.

Alois Gratzer bezahlt für seine Braugerste gern 60 Prozent mehr als ein konventioneller Aufkäufer. Freiwillig. Sofern der Bauer mit ihm übereinkommt, auf Spritzmittel zu verzichten, die ins Grund- und damit in sein Brauwasser gelangen könnten. Er war mit der Erste, der eine Brauerei auch als einen Hebel verstand, mit dem sich das Miteinander von Mensch und Natur zum Besseren herumreißen lässt. Schon 2012 stellte er auf $CO_2$-neutral um. Als Erster in Österreich. Hier hat es also seinen Ursprung. Das Wissen der anderen, wie in Sachen Klimaschutz der Hase läuft.

**Adresse** Brauerei Gratzer, Obertiefenbach 26, 8224 Kaindorf, Tel. 0664/3023344, www.brauereigratzer.at | **Bierprofil** Dunkles, Märzen, Sommerbier, Vollmondbier, Leichtbier, Bock | **Öffnungszeiten** Bezugsquellen auf der Website | **Tipp** Mit Thalheimer initiierte Red-Bull-Gründer Dietrich Mateschitz ein kurioses Bierprojekt. Gebraut wird mit dem Heilwasser des Thalheimer Schlossbrunnens – obwohl sich der Braumeister einiges einfallen lassen musste, da das mineralische, lithiumreiche Nass dazu eigentlich nicht geeignet ist.

# 106 — Schnee Weiße Bio
*Probelauf für neue Maßstäbe*

Wenn es dem besten Kaiser aller Zeiten bei einer Audienz zu viel wird, er seinem Gast ihr Ende signalisiert, legt sie sich dem anwesenden Volk auf die Zunge. Ach, hätte man sich doch im Ennstal anno 1525 die Losung zu Herzen genommen, mit der Robert Heinrich I. alias Robert Palfrader stets das letzte Wort für sich reklamiert. Allen Ortes probten damals die Bauern und Bergmänner den Aufstand gegen den Adel. Weil auch die Schlandminger nicht »brav sein« wollten, wurde ihre Stadt geschleift und zum Dorf degradiert. Eine der langfristigen Folgen: 1919 standen ihre Brauer vor der Wahl, sich zu einer Genossenschaft zusammenzuschließen oder wegen Kapitalmangel einzugehen.

Neben dem Flaggschiff der damals an das Ufer der Enns gesetzten Schladminger Brauerei, ihrem Märzen, tauchte 2012 ein zweiter Grund in den Supermärkten auf, der keinen Zweifel lässt: Man ist all jenen zu ewiger Dankbarkeit verpflichtet, die Anteilsscheine zeichneten. Skeptiker mögen die Schnee Weiße als ein Entgegenkommen an die Touristen bezeichnet haben, die sich an eisig kalten Tagen auf den verschneiten Planai schleppen lassen. Schließlich zählen Weizenbiere nur in jenen Teilen Oberösterreichs zur Folklore, die bis 1779 bayerisch waren. Aber auch sie erkannten schnell, dass neue Maßstäbe gesetzt wurden. Geschmacklich. Indem der Eindruck, sich an einem verflüssigten Mix aus exotischen Früchten zu erfrischen, zugunsten einer klaren, drallen, urtypischen Bananenaromatik zurückgenommen wurde. Und wirtschaftspolitisch. Indem ein heutiger Eckpfeiler der Nachhaltigkeit – 100 Prozent Bio-Zutaten aus Österreich – einem Praxislauf unterzogen wurde.

Nicht brav hingegen: der Biersieder Balthasar Seriz. Seine Schlamperei beim Befeuern der Sudpfanne hatte 1618 zur Folge, dass alle 142 Häuser Schladmings in Flammen aufgingen. Auch ein Grund, weshalb man das neue Brauhaus 1919 einen Tick außerhalb ansiedelte.

**Adresse** Schladminger Brauerei, Hammerfeldweg 163, 8970 Schladming, Tel. 03687/225910, www.schladmingerbier.at | **Bierprofil** Schnee Weiße Bio, Bio Zwickl, Märzen | **Öffnungszeiten** öffentliche Bierverkostung Fr 15 und 17 Uhr (Voranmeldung über die Website), Rampenverkauf Mo–Fr 7–16.45 Uhr | **Tipp** Immerhin mit einer Gasthausbrauerei weiß das salzburgische Bad Mitterndorf aufzuwarten. Wo? Beim Peterswirt.

VOCKENBERG (STUBENBERG AM SEE), HOFBRAUEREI MOARPETER

# 107\_\_Lager Hell
*Weißer Fleck im Grünen*

Als »ein traditionelles Zwickl mit wenig Kohlensäure« beschreiben die Bergers – Vater, Tochter und Sohn – einen Trunk, für dessen Genuss man sich schon die Mühe machen muss, in die südöstlichen Ausläufer der Alpen und dort an den Stubenbergsee hinauszufahren. Gesucht wird die Ruine Altschielleiten. Genauer gesagt, der Wirtschaftshof, der 1581 zu ihren Füßen errichtet wurde. Der Name des im Lauf von viereinhalb Jahrhunderten auf immerhin 400 Einwohner angewachsenen Gutsdorfs Vockenberg lässt vermuten, dass die hohen Herren Spanferkelbraten bevorzugten.

Obwohl die 2001 eröffnete, mit einem sicheren Gefühl für Atmosphäre in den Moarpeterhof eingebaute Gasthausbrauerei überzeugend viel bietet, haftet ihr noch immer der Status eines Geheimtipps an. Reiseleiter wählen sie gern für die Jause, denn der Blick von der Terrasse auf den Kulm, einer immerhin 975 Meter hohen Landmarke, entschädigt in Kombination mit der exzellenten steierisch-bodenständigen Küche für die Erlebnisarmut einer Busfahrt ins Grüne. Leider weiß diese Klientel nur bedingt zu schätzen, dass ihnen ein in Kleinstmengen produzierter, naturbelassener Schatz direkt vom Tank ins Krügerl gezapft wird. Entweder ein aufs Wunderbarste hemdsärmeliges, herrlich vollmundiges Helles mit einem grasig-blumigen Bouquet. Oder ein vor Röstaromen nur so strotzendes Dunkles. Das Helle hat den Vorteil, dass es sich dem sauren Rindfleisch genauso gern anpasst wie einem Kümmelbraten.

Stockerlplätze bei der Staatsmeisterschaft der Haus- und Kleinbrauer verschafften dem Moarpeter 2009 und 2010 überregionale Aufmerksamkeit. Fortan übertönten Hymnen auf den dort destillierten Whisky, wie es in Sachen Bier weiterging. Als die Corona-Lockdowns eben überstanden waren, verlangte ein Brand, erneut eine Zwangspause einzulegen. Kein Wunder, dass Vockenberg bei vielen ein weißer Fleck auf der Bierlandandkarte geblieben ist.

**Adresse** Hofbrauerei Moarpeter, Vockenberg 46, 8223 Stubenberg am See, Tel. 03176/8546, www.moarpeter.at | **Bierprofil** Helles, Dunkles, Gmischtes, unregelmäßig Sondersude | **Öffnungszeiten** Mi – Fr ab 17 Uhr, Sa ab 15 Uhr, So und Feiertag ab 13 Uhr | **Tipp** Im nahen Pischelsdorf – genauer: dessen Ortsteil Romatschachen – hat sich ein von Weinbergen umzingeltes Dorfwirtshaus eine üppig bestückte Bierkarte zugelegt: der Gasthof Wachmann (www.gasthof-wachmann.at).

# 108 Biogold Hausbier
*Der heilige Gral ist gefunden*

Bier ist also doch gesund. Es sollte täglich und in großen Mengen eingenommen werden! Wer's nicht glaubt, unternehme einen Ausflug. Dorthin, wo auch das Navi nicht mehr weiterweiß. Gesucht wird ein 250 Einwohner kleines, in diverse Ansiedlungen zersplittertes Dorf. In Haus Nummer 61, munkeln Gourmettrinker, stößt man dann auf einen heiligen Gral.

Um die Jahrtausendwende sollte die alteingesessene Familie Hofer ihrem Leben eine neue Richtung geben. Der erste Impuls: Der Rat des Arztes, sich viel Bier zu gönnen, würde dem Senior helfen, seine Nierensteine auszuschwemmen. Dem Toni. Resultat: eine elende Schlepperei. Daher lag am Weihnachtsabend 1996 ein Lehrbuch unterm Baum. Sein Thema: das Nass selbst herstellen. Das Inventar einer Käserei wurde aufgekauft, zu einem Sudwerk umgebaut. Schließlich der entscheidende Moment: Erika Hofer nahm dem Toni das Brauen aus der Hand.

Im Souterrain ihres Wohn- und Brauhauses. Erika Hofer greift sich ein Krügerl, zapf, weist auf ihren gemütlichen Gewölbekeller hin, während sie die anderen Hofers und ihre Helfer scheucht. Bestellungen müssen fertig gemacht, der mobile Ausschank vorbereitet werden. Über einem viskosen, goldgelb leuchtenden Sockel ein Gebirge aus Schaum. Gefährlich weit lehnt es sich über den Rand. Das weiße Wabern kommt zur Ruhe, verdichtet sich. Warten, bis sich durch Schrägstellen des Krügerls ein Kanal bilden lässt, der das Gelb in den Mund überleitet. Wer bisher immer nur Bier getrunken hat, ohne sich dabei mit der Frage zu belasten, wie ein Helles alias Märzen denn noch schmecken könnte: Bitte schön! Dieses Bier ist ein Aha-Effekt. Denn da sind diese kleinen, aber entscheidenden i-Tüpfelchen. Klarer, straighter, griffiger, breiter, dichter. Seine Bodenständigkeit: zementiert. Sein Hopfen: selbst angebaut. Empfohlen auch als Heilmittel gegen das Gefühl, dass immer nur die anderen das Beste vom Besten bekommen.

**Adresse** Toni Bräu, Wagenbach 61, 8273 Ebersdorf-Wagenbach, Tel. 0699/10616161, www.tonibraeu.at | **Bierprofil** Biogold Hausbier, Helles, Dunkles, Weizen, Bock | **Öffnungszeiten** Rampenverkauf und Ausschank Mo und Di 15–18 Uhr, Do und Fr 15–19 Uhr, Sa 10–13 Uhr | **Tipp** In Neustift an der Lafnitz und damit bereits drüben auf der anderen Seite der innerösterreichischen Grenze, im Burgenland, lohnt sich ein Besuch im Braugasthof Schmidt. Das Bier stammt aus hauseigener Produktion, nennt sich Rabenbräu. Zudem brennt Wirt Andreas Schmidt seinen eigenen Whisky.

# 109 Herzogs Pater Ator

*In 80 Bieren um die Welt*

Immer wieder ist in diesem Buch von einer immensen Vielfalt an Biersorten die Rede, denen sich die Menschheit nach getaner Arbeit hingibt. Wie groß ist sie genau? Rechnen wir es aus. Mit 575 Kilometern zieht sich Österreich ganz schön in die Länge. Setzen wir diese Strecke in Relation zum Erdumfang. Stellen Sie hierzu für jede Sorte, die in der Alpenrepublik eine lange Tradition hat, eine Flasche auf den Boden Ihres Wohnzimmers. Gruppieren Sie um jede dieser Flaschen 70 weitere. Jetzt steht bildlich vor Ihnen, wohin sich das Brauwesen entwickelt hat, seit es jemandem vor 13.000 Jahren von einem Brei im Kopf schön schummrig wurde, der in einem Topf vergessen worden war.

Mit ihren 60, ja eher 80 Sorten dürften Anita und Hannes Herzog beim Versuch, am heimischen Sudkessel die Welt zu umrunden, am weitesten gekommen sein. 2008 tauschte die Tischlerin Säge und Hobel gegen ein Kleinsudwerk ein, nach einer Brauerausbildung stieß ihr Sohn zur ihrer Genussmanufaktur dazu. 2014 verwirklichten die Herzogs auf einem ehemaligen Bauernhof ihre persönliche Vorstellung des Schlaraffenlands – durch Sohn Robert als Küchenchef zum Trio angewachsen. Herzogs Bierbotschaft ist zugleich ein steirisch-bodenständiges Familienwirtshaus mit Biergarten und Bierlehrpfad, in dem Österreichs Leib-und-Magen-Sorten in einer Exzellenz-Version ins Krügerl kommen – und ein Flughafen in ferne Geschmackswelten. Nie gibt es alle Sorten. Aber immer mehr als genug.

Manchen Trunk gönnt man sich freilich besser erst zu Hause. Den Pater Ator zum Beispiel. 1774 verordnete der Brauer eines Münchner Klosters seinen Mitbrüdern ein neues Fastenbier – den Urvater der bayerischen Doppelböcke, Kalibern mit mindestens 18° Stammwürze (7 Prozent Alkohol), deren Namen traditionell auf »ator« endet. Eine wuchtig malzige Aromenbombe mit einer konkurrenzlosen Vollmundigkeit. Ein Bier für stille Stunden vor dem Kamin.

**Adresse** Herzogs Bierbotschaft, Ponigler Straße 52, 8142 Wundschuh, Tel. 0676/3530560, www.bierbotschaft.at | **Bierprofil** Zwischen 60 und 80 Sorten, von denen der Großteil ständig wechselt. Die Bandbreite reicht vom traditionellen Märzen über ein Maisbier bis zum bizarr-exotischen Kumquat-Ale | **Öffnungszeiten** Gasthaus, Biergarten und Flaschenverkauf Do–Sa 10–22 Uhr, So und Feiertag 10–17 Uhr | **Tipp** Kurios! Wer sich in Graz auf die Suche nach belgischen und anderen Bierraritäten macht, sollte sich zuerst auf dem Hauptplatz nach dem Stand des Candyman umsehen (Filiale in der Franziskanergasse 4, www.candyman.at).

# 110 Kästensud
*Schönheit und Tiefe*

Im Burgenland griff man zwar schon immer auch mal zu einem Bierchen. Letztlich aber nur, um viele kleine, über die Region verteilte Sudstätten für jene verflixten Jahre am Leben zu halten, in denen Hagel, die Reblaus und andere Erscheinungsformen des Bösen die Traubenernte vernichteten. Wein hat den Menschen dort schon immer am besten gemundet. Ein Image, das sich im östlichen Hinterland des Neusiedler Sees mittlerweile wandelt. Der Marktfleck Gols, das sind 65 Winzer. Aber immer öfter hört man dort die Frage, wo seine Brauerei, ihr Tap Room und Biergarten zu finden seien.

Bereits mit den Beschränkungen des bayerischen Reinheitsgebots lassen sich 24 Milliarden Geschmacksvarianten generieren. So hat es Georg Schneider, der Vorsitzende des dortigen Brauerbunds, ausgerechnet. Bier ist hier dem Wein deutlich überlegen. Bezieht man Kastanien, Kräuter und andere, in Österreich zum Glück erlaubte und zudem naheliegende Zutaten in die Rechnung ein, geht die Vielfalt gegen unendlich. Seit 2007 haben Harald Sautner, Gründer und Braumeister der Privatbrauerei Gols, sein Co, der Sudkesselkünstler Johannes Kugler, seine bessere Hälfte Waltraud und der gemeinsame Sohn Markus Sautner mit etlichen dieser Zutaten experimentiert. Dauerhaft beibehalten haben sie nur eine.

Dass Kästen – für die deutschen Leser: Edelkastanien – weltweit nur von einer Handvoll Sudstätten verarbeitet werden, hat einen Grund. Bei der Vergärung bilden sich Gerbstoffe, die der Brauer mühsam entfernen muss. Umso tiefer die Verneigung, dass man sich in Gols die Arbeit macht, den weitaus öfters nachgefragten Brot- und-Butter-Sorten diese Rarität zur Seite zu stellen. Zwischen nussig, süßlich und würzig changierend, beweist die braunorange schimmernde Schönheit, dass Bier auch in Sachen Tiefe dem Wein in nichts hinterhersteht. Die außergewöhnliche Zutat offenbart sich dem Gaumen aber erst im Abgang.

**Adresse** Privatbrauerei Gols, Brauhausplatz 1, 7122 Gols, Tel. 02173/2719, www.golserbier.at |
**Bierprofil** Kästensud, Märzen, Export, Pils, Zwickl, Dunkles, heller Bock, helles Weizen |
**Öffnungszeiten** Rampenverkauf Mo – Fr 8 – 16 Uhr, Mai – Aug. zudem Sa 9 – 12 Uhr; Biergarten Mai – Aug. Fr 12.30 – 16 Uhr, Sa 9 – 12 Uhr | **Tipp** Damit die Wiener nie wieder ohne ein Gols zu Bett gehen müssen, betreiben die Sautners dort zwei edle Bars – in der Mahlerstraße 13 und der Riemergasse 4 (www.pannonisch.at).

# 111_Hausbier
*So süß wie die Rache*

Die Burgenländer sind sich einig, wo das Bier am besten schmeckt. Tief im Süden ihres Schatzhauses, das dem übrigen Österreich immer fremd geblieben ist. Obwohl das sattgrüne Hügelland doch genau das bietet, was die Städter immer suchen: Platz, Idylle, Stille. Dazu Winzer, denen seit vier Jahrzehnten bewusst ist, sich doppelt anstrengen zu müssen. Das größte Niedermoorgebiet Österreichs, in dem sich Galloway- und Angus-Rinder die perfekte Würze anfressen. Und schließlich am Rand der Zickenbachtaler Moorwiesen, im Dörfchen Heugraben: die Gastterrasse und der Brew Pub jener Biermanufaktur, der das Kunststück gelungen ist, sich von den Lesern des Genussmagazins »Falstaff« 2022 und gleich noch einmal 2023 zu ihrer Nummer eins küren zu lassen.

2016 baute sich Patrick Krammer in einen Stadel des großelterlichen Bauernhofes eine professionelle Sudanlage ein, erweiterte sein Hobby zur Zickentaler Brauerei. Zugleich Inhaber einer Firma für Gebäudetechnik, war ein schneller wirtschaftlicher Erfolg nicht existenziell. Ein großer Vorteil. 2019 schloss sich ihm Markus Maurer an, der im nahen Städtchen Güssing die Freibrauerei und ein Fachgeschäft für internationale Craft-Biere aufgezogen hatte. Braukurse, Verkostungen und Seminare wurden zum Aushängeschild ihrer Sudstätte.

Für ihren Signaturtrunk, das Hausbier, nahm sich die Zickentaler Brauerei die Freiheit, den von den übrigen Österreichern mit Vorurteilen abgestraften Burgenländern vorzuschlagen, einem Märzen ein helles, unfiltriertes und überhaupt naturbelassenes Lager bayerischer Art vorzuziehen. Einen bernsteingelben Erfrischer mit einem durchtrainierten Körper, der einen bravourösen Spagat hinlegt, süße Karamell- mit hopfigen Zitrusnoten verschmilzt. Wem das als Anreiz für eine Fahrt ins Zickenbachtaler Moor nicht genügt: Beim 2023 erstmals eingebrauten Biergit, einem Ale, steht dessen Heilschlamm auf der Zutatenliste.

**Adresse** Zickentaler Brauerei und Brew Pub Bierquelle, Heugraben 19, 7551 Heugraben, Tel. 0676/88041402, www.zickentaler-bier.at | **Bierprofil** Hausbier, Ursprung (Lager), Dunkles, Bock, Pale Ale, helles und dunkles Weizen, unregelmäßig Gourmetsude wie das Heilschlamm-Ale Biergit, ein Pfirsich Wit und ein Stout | **Öffnungszeiten** Shop und Ausschank Nov.–April Fr 16–20 Uhr, Sa 10–13 Uhr, Mai–Okt. Do 10–19 Uhr, Fr 16–20 Uhr, Sa 10–16 Uhr, zudem ein 24/7-Selbstbedienungs-Kühlschrank | **Tipp** Kurz vor Bratislava, in Deutsch Jahrndorf, wartet mit der Westwinbrauerei eine weitere, höchst empfehlenswerte Mikrosudstätte auf Durstige (www.westwindbrauerei.com).

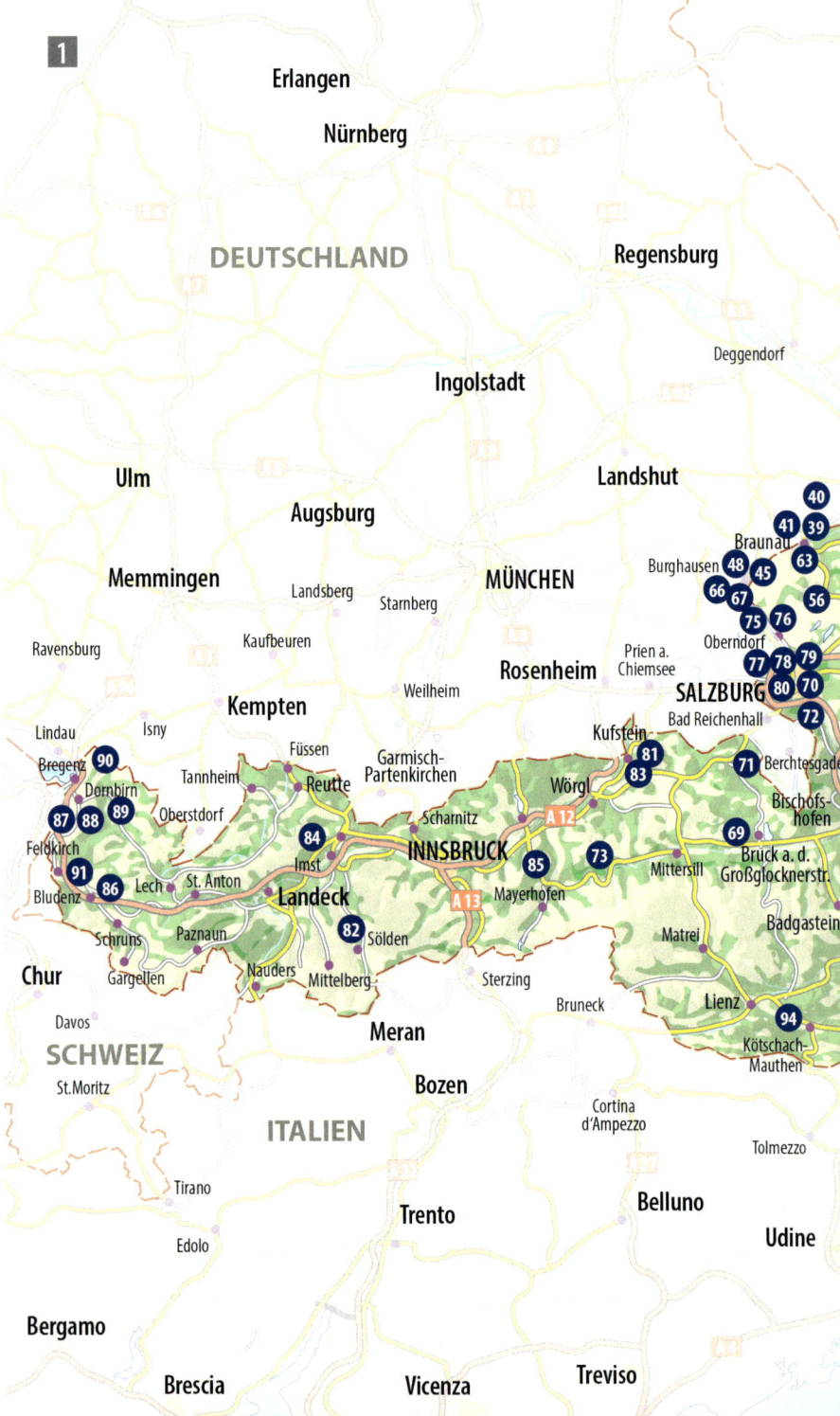

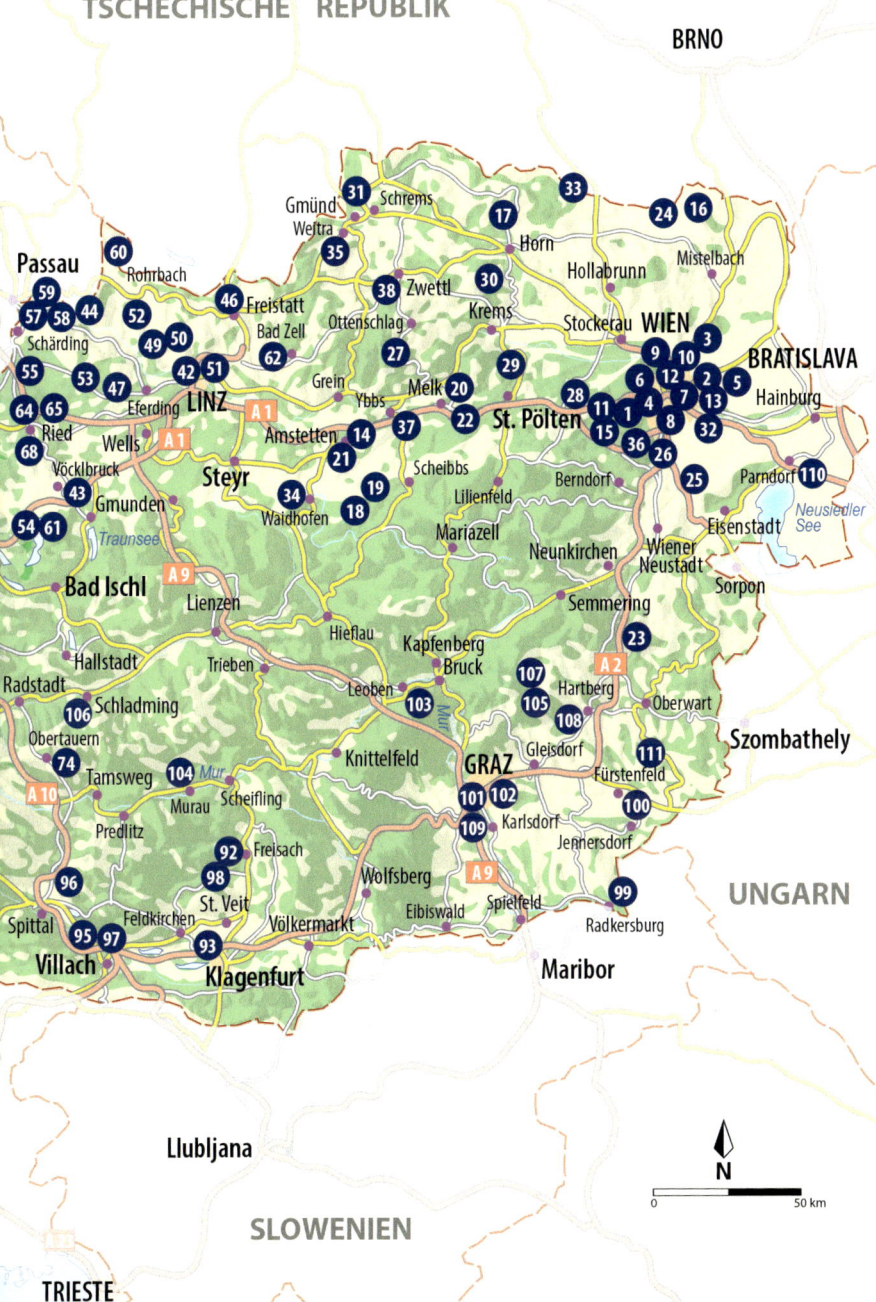

Martin Droschke
**111 Biere aus Altbayern
und Bayerisch-Schwaben,
die man getrunken haben muss**
ISBN 978-3-7408-1069-6

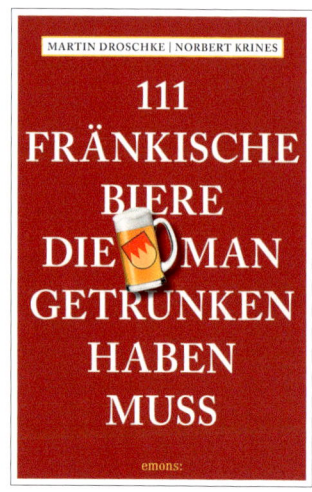

Martin Droschke, Norbert Krines
**111 Fränkische Biere,
die man getrunken haben muss**
ISBN 978-3-7408-1835-7

Martin Droschke, Norbert Krines
**111 deutsche Craft Biere,
die man getrunken haben muss**
ISBN 978-3-7408-0338-4

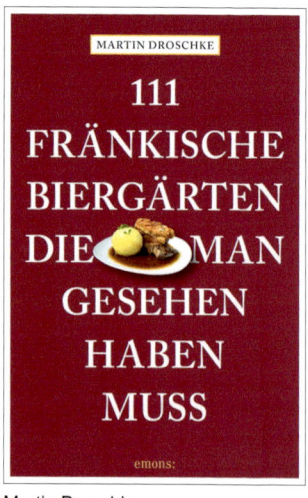

Martin Droschke
**111 fränkische Biergärten,
die man gesehen haben muss**
ISBN 978-3-7408-1956-9

Thomas Fuchs
**111 Deutsche Biere, die man getrunken haben muss**
ISBN 978-3-7408-1801-2

Daniela Dejnega, Luzia Schrampf
**111 Schaumweine aus aller Welt, die man getrunken haben muss**
ISBN 978-3-7408-1222-5

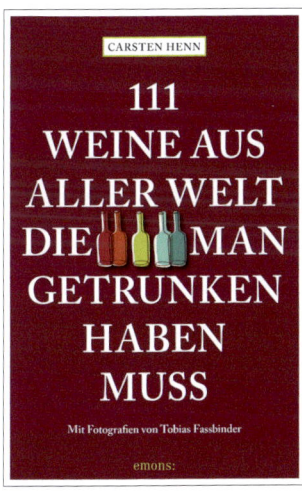

Carsten Henn
**111 Weine aus aller Welt, die man getrunken haben muss**
ISBN 978-3-7408-0859-4

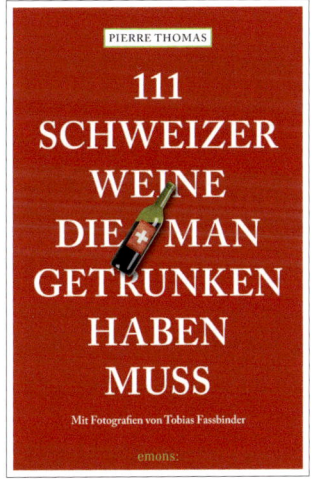

Pierre Thomas
**111 Schweizer Weine, die man getrunken haben muss**
ISBN 978-3-7408-1301-7

Carsten Henn
**111 Deutsche Weine,
die man getrunken haben muss**
ISBN 978-3-7408-0732-0

Daniela Dejnega, Luzia Schrampf
**111 Weine aus Österreich,
die man getrunken haben muss**
ISBN 978-3-7408-0618-7

Bernd Imgrund
**111 Whiskys, die man
getrunken haben muss**
ISBN 978-3-7408-1838-8

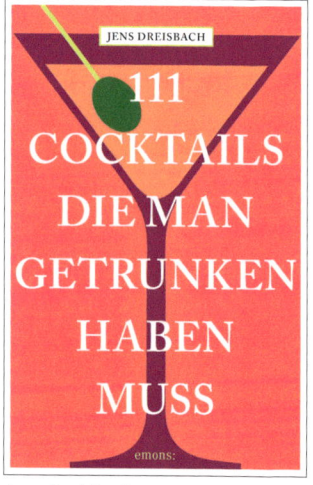

Jens Dreisbach
**111 Cocktails, die man
getrunken haben muss**
ISBN 978-3-7408-1632-2

Carsten Henn, Torsten Goffin
**111 Mal lecker essen in Köln**
ISBN 978-3-7408-2121-0

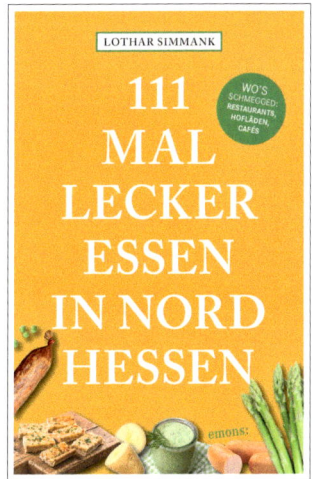

Lothar Simmank
**111 Mal lecker essen
in Nordhessen –
Wo's schmegged**
ISBN 978-3-7408-2061-9

Evelyn Pschak von Rebay
**111 Mal sauguad essen in München**
ISBN 978-3-7408-2202-6

Peter Eickhoff
**111 Südtiroler Gasthäuser,
die man kennen muss**
ISBN 978-3-7408-0137-3

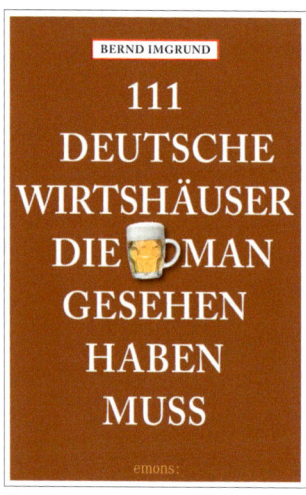

Bernd Imgrund
**111 Deutsche Wirtshäuser,
die man gesehen haben muss**
ISBN 978-3-95451-080-1

Luisanna Messeri
**111 Rezepte aus Italien,
die man gekocht haben muss**
ISBN 978-3-95451-863-0

HP Mayer
**111 Orte in Deutschland
für echte Weingenießer**
ISBN 978-3-7408-2201-9

Anjana Gill
**111 Impulse
für ein glückliches Leben**
ISBN 978-3-7408-1747-3

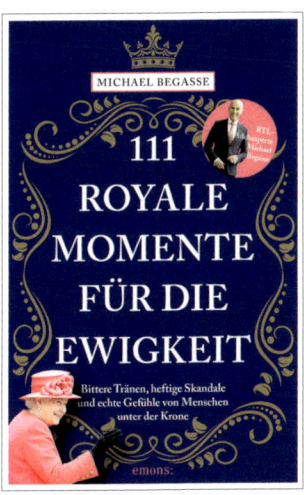

Michael Begasse
**111 royale Momente
für die Ewigkeit**
ISBN 978-3-7408-1873-9

Patricia Szilagyi
**111 extreme Orte in Europa,
die man gesehen haben muss**
ISBN 978-3-7408-0863-1

Oliver Buslau
**111 Werke der klassischen Musik,
die man kennen muss**
ISBN 978-3-7408-0236-3

Tatiana Morlock
**111 Alltagsabenteuer,
die glücklich machen**
ISBN 978-3-7408-1383-3

**Martin Droschke,** geboren 1972, arbeitete als freier Autor, Herausgeber mehrerer Literaturzeitschriften, Journalist und Literaturkritiker. Er schrieb bereits mehrere Bücher über Bier.

**Martin Bierobelix Seidl,** geboren 1972, betreibt eine der kleinsten Brauereien Österreichs und bildet als Diplom-Biersommelier und Diplom-Brauereisensoriker Hobbybrauer und Profis aus. Ob seines ausladenden Körpers bekam er von seinen Freunden den Spitznamen Bierobelix verliehen.